公共文化服务效能评估：理论与方法

Towards the Evaluation of Public Cultural Service Efficacy: Theory and Method

杨永恒　龚　璞　潘雅婷　著

本书受国家科技支撑计划（项目号：2015BAK26B01）、国家优秀青年科学基金（项目号：71422012）资助

科学出版社

北　京

内 容 简 介

公共文化服务是现代政府的重要公共服务职能之一，客观、科学地评价公共文化服务的效能对于推进文化建设具有重要的意义。本书结合我国公共文化服务的发展特点，在剖析公共文化服务效能内涵的基础上，结合绩效评价的“4E 模型”，即经济性（economy）、效率（efficiency）、效益（effectiveness）和公平（equity），以及公共服务绩效评价的逻辑框架法，从“投入–能力–效果”的逻辑思路构建了公共文化服务效能评价的理论框架和指标体系，提出了公共文化服务效能的评价方法。应用 2010~2016 年的客观统计数据和 2016 年国家公共文化服务体系示范区群众满意度调查的数据，本书对各省级行政区的公共文化服务效能进行了综合评价，客观、科学地测量和比较了各地区公共文化服务的发展水平。在此基础上，本书剖析了新时代我国公共文化服务体系建设的新形势、新要求和新挑战，并就如何提升公共文化服务效能、完善公共文化服务体系提出了建议。

本书适合公共管理领域的研究者、大专院校师生、各级文化部门管理者，以及公共文化服务从业人员阅读与参考。

图书在版编目（CIP）数据

公共文化服务效能评估：理论与方法/杨永恒，龚璞，潘雅婷著. —北京：科学出版社，2018.11

ISBN 978-7-03-057648-4

Ⅰ. ①公…　Ⅱ. ①杨…　②龚…　③潘…　Ⅲ. ①公共管理–文化工作–评估–中国　Ⅳ. ①G123

中国版本图书馆 CIP 数据核字（2018）第 121810 号

责任编辑：李　莉　陶　璇 / 责任校对：李　影

责任印制：吴兆东 / 封面设计：无极书装

科 学 出 版 社 出版

北京东黄城根北街 16 号

邮政编码：100717

http://www.sciencep.com

北京凌奇印刷有限责任公司 印刷

科学出版社发行　各地新华书店经销

*

2018 年 11 月第　一　版　开本：720 × 1000　B5

2020 年　7 月第三次印刷　印张：7 1/4

字数：133 632

POD定价：　82.00元

（如有印装质量问题，我社负责调换）

前　言

文化是一个国家、一个民族的灵魂，蕴含着一个国家和民族共同的价值（value）和信念（belief）。党的十九大报告明确指出，“文化自信是一个国家、一个民族发展中更基本、更深沉、更持久的力量”，“没有高度的文化自信，没有文化的繁荣兴盛，就没有中华民族伟大复兴”[①]。随着中国特色社会主义进入新时代和人民群众对美好生活需要的日益旺盛，文化建设在“五位一体”总体布局的位置更加凸显。文化是推进国家治理体系和治理能力现代化的价值引领和思想源泉，在实现中华民族伟大复兴的宏伟目标中将承担更加重要的历史使命。

公共文化服务，是指由政府主导、社会力量参与，以满足公民基本文化需求为主要目的而提供的公共文化设施、文化产品、文化活动以及其他相关服务[②]。公共文化服务的目的在于保障公民基本文化权益、满足公民基本文化需求，着眼于提高公民人文素养、提升文明素质、培育公民意识、促进公民身心健康。因此，公共文化既要满足公众基本的精神文化需求，也要引领、弘扬和培育社会主流价值，对于提高国民素质、推动社会发展、提升国家软实力（soft power）等发挥着基础性、导向性的重要作用。

随着国家对公共文化服务的日益重视，我国公共文化服务建设取得了空前成就，尤其是“十二五”以来，公共文化服务体系总体呈现出蓬勃发展的良好态势。总体表现为：政府文化建设责任日益明确，公共文化投入

---

① 《决胜全面建成小康社会 夺取新时代中国特色社会主义伟大胜利——在中国共产党第十九次全国代表大会上的报告》，www.gov.cn/zhuanti/2017-10/27/content_5234876.htm。

② 《中华人民共和国公共文化服务保障法》。

持续增长；公共文化设施建设力度加大，公共文化服务体系日趋完善；公共文化服务法制化进程加快，公民文化权益保障更为有效；等等。但同时我们也要看到，我国文化建设中的主观倾向较为明显，公共文化服务和产品的供给存在较为明显的部门意志和主观倾向，与群众文化需求还存在一定程度的脱节，缺乏针对性和实效性；文化资源配置不平衡，优质资源过多地集中在东部地区、城市和少数机构，城乡、区域和群体差距仍然较大；基层公共文化设施缺乏统筹整合，难以发挥综合效益；基层文化队伍数量不足，结构不合理，专业素质偏低；公共文化设施管理运营水平低下，服务能力不足，服务内容与群众需求脱节，导致设施利用效率不高；公共文化服务运行相对封闭，文化企业和社会力量参与不足，整体活力不高。总体而言，我国公共文化设施的利用率不够高，且仍未真正融入群众生活，作为文化建设核心要素的公共文化服务，效能发挥仍然不足。

近年来，国家高度重视公共文化服务建设，把效能提升作为公共文化服务体系建设的重中之重，对公共文化服务绩效评价提出了更为具体的要求。党的十七届六中全会通过的《中共中央关于深化文化体制改革　推动社会主义文化大发展大繁荣若干重大问题的决定》，明确提出要“制定公共文化服务指标体系和绩效考核办法”①；党的十八届四中全会《中共中央关于全面推进依法治国若干重大问题的决定》将“促进基本公共文化服务标准化、均等化”②作为全面深化改革的重点任务之一；《关于加快构建现代公共文化服务体系的意见》（中办发〔2015〕2号）要求“提升公共文化服务效能”“完善公共文化服务评价工作机制”③；2017年3月1日正式实施的《中华人民共和国公共文化服务保障法》（以下简称《公共文化服务保障法》），明确了政府的公共文化服务保障责任，要求“各级人民政府应当建立有公众参与的公共文化设施使用效能考核评价制度”，以确保公共文化服务供给能够有效保障人民群众的基本文化权益；《文化部“十三五”时期文化发展改革规划》也明确提出“建立健全基层公共文化服务监督评价机制，开展常态化的公共文化服务效能评估”，“建立以效能为导向的评价激励机制，研究制定公众参与度和群众满意度指标”④。由此可见，加强公共文化服务效能评估，对于提升公共文化服务效能、完善公共文化服务体系、切实保障公民的基本文化权益具有十分重要的意义。

随着中央和各级政府对公共文化服务考核体系和绩效评估的日益重

---

① theory.people.com.cn/GB/16018030.html。

② cpc.people.com.cn/n/2014/1029/c64387-25927606.html。

③ culture.people.com.cn/n/2015/0115/c1013-26387591.html。

④ www.gov.cn/xinwen/2017-02/23/content_5170224.htm。

视，各地针对公共文化服务评估体系的构建开展了大量的实践探索，并获得了一些成效和经验。但是，由于各界对于公共文化服务效能的内涵缺乏统一认识，再加上公共文化服务领域缺乏科学的统计指标体系和绩效评估办法，公共文化服务效能评估仍是亟待突破的领域。建立一套科学、客观的公共文化服务效能评价体系，对于扭转公共文化服务建设中的政绩导向，引领公共文化服务体系健康可持续发展，具有重要的理论价值和现实意义。公共文化服务评价体系的建立将成为推进体系建设与完善的工具，对于引领我国各地公共文化服务发展具有重要的导向作用①。

① 正如罗兰·彭诺克所说，“评价的注意力不应只是集中在能够满足国家自身需求上，而应是集中在满足人类自身的需求上。只有满足人类自身的需求，政策对人类才有价值，才能证明政策存在的合理性”。

目　　录

第一章　公共文化服务导论

没有高度的文化自信，没有文化的繁荣兴盛，就没有中华民族伟大复兴。

——习近平

第一节　文化与国家治理

一、文化的内涵

文化的英语（culture）产生于拉丁语（cultura 和 colere），原义是指对土地的耕作（cultivation），表征的是人与自然的关系。古罗马哲学家西塞罗指出“智慧文化即哲学”①，赋予了文化改造和完善人的作用，文化因此具有了培养、教育、发展、信仰、尊重等含义，其内涵也从“对自然的耕作”转化为“对人的培养”。

在汉语中，文化一词最早出现于西汉思想家刘向的《说苑·指武》——

① 马克思也指出：“哲学是现世的智慧，是文化的活的灵魂。”中共中央马克思恩格斯列宁斯大林著作编译局．马克思恩格斯选集（第 1 卷）[M]．中共中央马克思恩格斯列宁斯大林著作编译局编译．北京：人民出版社，1957.

“圣人之治天下也，先文德而后武力。凡武之兴为不服也。文化不改，然后加诛。”在古汉语中，“文”通“纹”，即纹理，引申为一切有条理、有秩序、有美感的东西；“化”的象形文字为直立与倒立的两个人，象征重大的变化（图 1-1）。《周易·贲卦·彖传》提到：“观乎天文以察时变，观乎人文以化成天下”，意指圣人通过观察天象来了解时序的变化，通过观察和总结人类社会的各种现象，用教育感化的手段来治理天下。

图 1-1 “文”和“化”的象形文字

文化是一个极其复杂且相对模糊的概念，在不同语义甚至同一语义下，对文化的理解都可能相距甚远。因此，学术界长期难以对文化的定义达成普遍共识。1871 年，英国人类学家泰勒对文化的专门意义做出了解释，这被认为是近代人类学首次对文化做出的定义。泰勒提出，文化是作为社会人的个体获取的一切知识、信念、艺术、道德、法律、风俗和其他能力、习惯的总称①。这一定义侧重于文化的整体性，并对文化的主要内容做了列举。在泰勒之后，不断有学者对文化概念的内涵和外延做出新的定义和说明。1952 年，美国学者克罗伯和克拉克洪总结了 1871~1951 年出现的 160 余种文化的定义②。有学者从文化实质的角度进行了定义，也有学者从文化传衍的角度进行了定义。例如，萨丕尔提出“文化是人类物质生活及精神生活中由社会传衍而来的任何要素”③。这类定义强调文化作为社会遗产或社会传统的意义。也有学者从文化规律的角度进行了定义，强调文化包括特定群体在特定时期的生活方式，尤其是风俗和信念④。维斯勒认为：

① Tylor E B. Primitive Culture：Researches into the Development of Mythology，Philosophy，Religion，Art，and Custom[M]. London：John Murray，1871.

② Kroeber A L，Kluckhohn C. Culture：a critical review of concepts and definitions[J]. American Journal of Sociology，1952，47（1）（1-2）：35-39.

③ Sapir E. Language：An Introduction to the Study of Speech[M]. New York：Harcourt Brace & Company，1921；殷海光. 中国文化的展望[M]. 上海：上海三联书店，2002.

④《剑桥英语词典》对“文化”的定义：文化是一种生活方式，尤其是特定时期特定人群的普遍习俗和信仰。

"文化是一个社群或部落所遵循的生活方式,包含一切标准化的社会程序。一个部落文化是该部落所遵循的信仰和程序的集合。"[①]文化亦包含理想或价值，比得尼提出"文化的整体概念，包含社会中一个人由学习而形成的行为、情感和思想，以及与其有关的知识的、社会的和艺术的理想"[②]。

1982 年，联合国教育、科学及文化组织将文化界定为"一系列关于精神与物质的职能，以及社会或社会团体的情绪特征，除了艺术和文学，还包括生活形态、共同生活的方式、价值系统、传统与信仰"，"文化指某一社群的共同信念、价值、风俗、语言、行为、礼仪、器物等，不仅包含了艺术还包含了生活方式、人权、价值系统、传统、习惯等"。1998 年，联合国教育、科学及文化组织在《世界文化报告》中从内在价值观和外在行为制度两个方面对文化进行了定义:"文化是一种生活方式和生存方式。它包括人们所持价值观、对他人（民族和性别）的容忍、外在或内在的取向和偏好等。"[③]

圭索等主要从经验主义的角度，将文化界定为"伦理、宗教，以及社会团体代代相传的信念和价值观"[④]。信念和价值观共同构成了经验主义研究对文化定义的内核。

而在文化理论定义方面，"价值观"和"信念"这两重含义通常被区分开来。有学者提出，文化是对人的特定行为所能带来的结果的信念，这种信念可以通过前辈或通过特定经历被操控和决定[⑤]。信念是对人的特定行为所带来的结果的判断，一方面来自于父辈的教导，另一方面来自于自身特定的经历，它可以随着个人阅历的积累被不断修正和改变；而价值观是对人、事、物的是非对错的价值判断。格雷夫则结合博弈论和社会学观点对文化信念进行了定义，他认为文化信念是一群人共有的想法和观念，区别于他们经验上没有发现的或理论上没有验证过的知识，文化信念支配群体内和群体间的互动[⑥]。但也另有学者将文化视为一个更为原生的现象，

---

① Wissler C. An Introduction to Social Anthropology[M]. New York：Henry Holt and Company，1929.

② Bidney D. The concept of cultural crisis[J]. American Anthropologist，1946，48（4）：534-552.

③ 联合国教育、科学及文化组织. 世界文化报告[R]. 1998.

④ Sapienza P，Zingales L，Guiso L. Does culture affect economic outcomes? [J]. Research of Institutional Economics，2006，20（2）：23-48.

⑤ Alesina A，Giuliano P. Culture and institutions[R]. National Bureau of Economic Research，2013，53（4）：898-944.

⑥ Greif A. Cultural beliefs and the organization of society：a historical and theoretical reflection on collectivist and individualist societies[J]. Journal of Political Economy，1994，102（5）：912-950.

认为其包含在价值观和偏好中[①]。这个定义也被用于心理学，强调情感在激发人类行为中扮演重要角色[②]。从价值观和信念两个不同角度出发对于文化的解释并非是互斥的，价值观和信念之间存在系统的相互作用。在精神构建与制度长期的相互作用下，不同的信念逐渐形成[③]。

因此，文化是人类在改造自然和改造社会的实践过程中，所创造的物质财富和精神财富的总和。它被特定群体在特定时期共享，经社会传衍和社会经历被个人获得和更新。以价值观和信念为基础，文化是体现在器物、货品和技术等物质形态，以及思想道德、风俗习惯、生活方式、文学艺术、科学教育等精神形态之上的人类成就。

二、文化的作用

（一）文化与人的培育

文化是民族的血脉，是支撑公民的国家认同和民族认同的基础来源。正如习近平总书记所指出的："没有高度的文化自信，没有文化的繁荣兴盛，就没有中华民族伟大复兴。"[④]对于一个国家而言，公民的身份认同和心理认同对国家的建立、维系和发展起着至关重要的作用。认同的差异和冲突必然带来共同体的龟裂、冲突，甚至是解体。国家通过公共意志、公众舆论及制度体系来维系社会，其使命是将分散的个体和组织整合成为一个有机的整体。文化对于国家的作用在于提升对内的凝聚力和向心力、对外的亲和力和影响力，以及对人类文明的贡献力。文化通过构建社会共享的评价体系，实现对人的培育。

蔡元培先生曾经讲过："德者，本也。若无德，则虽体魄智力发达，适足助其为恶。"[⑤]道德是人的根本，一个人如果缺乏正确的价值观和道德底

① Akerlof A G，Kranton R E. Economics and identity[J]. Quarterly Journal of Economics，2000，115（3）：715-753.

② Pinker S. How the Mind Works[M]. New York：W. W. Norton & Company，1999.

③ Bénabou R. Joseph schumpeter lecture ideology[J]. Journal of the European Economic Association，2008，6（2~3）：321-352.

④ 习近平. 决胜全面建成小康社会 夺取新时代中国特色社会主义伟大胜利——中国共产党第十九次全国代表大会上的报告[R]. 2017.

⑤ 蔡元培. 蔡元培全集[M]. 杭州：浙江教育出版社，1997.

线，即使拥有再多的财富、再强健的体魄和再渊博的知识，也只会对社会造成危害。习近平同志 2014 年视察北大时也指出："道德之于个人、之于社会，都具有基础性意义，做人做事第一位的是崇德修身。这就是我们的用人标准为什么是德才兼备、以德为先，因为德是首要、是方向，一个人只有明大德、守公德、严私德，其才方能用得其所。修德，既要立意高远，又要立足平实。"[①]

文化解决精神层面的需求，涉及价值观、伦理、道德、素养、情操等，文化的核心是对德的培育。文化的核心在于"以文化人"，即通过语言和其他文化载体形式，传递正确的价值观、道德标准和伦理规范，形成一种积极的社会文化环境，对生活在其中的人产生同化作用，使他们的价值观、审美观、是非观、善恶观趋同，也为他们认识、分析、处理问题提供大致相同的标尺，进而发展成为维系社会、民族的生生不息的巨大力量[②]。具体而言，文化"以文化人"的作用主要体现在四个方面：提升人文素养、提高文明素质、培育公民意识、促进身心健康。

（1）提升人文素养。素养"是一个人内在的稳定品质，是一种内在生命涵养……是综合了知识、能力、行为习惯等各方面人格化特征的集中反映。"[③]人文素养通过人文精神获得和积累，内化为人的精神品格，最终在社会实践中表现出来。因此，人文素养影响着个人发展方向和价值观的确立，在人类发展过程中发挥着十分重要的作用。同时，一个国家公民的人文素养在某种程度上可以影响到国家整体实力的发展。公民人文素养的提升是一项涉及面非常广泛的工程，不仅需要人力、财力、物力等有形资源，更涉及无形的文化资源的投入。国民人文素养的改善与提升，是文化建设的归宿和价值性成果。

（2）提高文明素质。文明素质是文明成果在人精神形态上的表现，良好的文明素质体现为正确的世界观、人生观、价值观，高度的责任感和使命感，坚强的意志力和文明的行为习惯。文明素质的核心是理想信念和价值取向，能够对个人发挥导向激励作用。提高公民的文明素质，对公民人格塑造、社会文明发展和国家综合国力的提高都具有重要意义。加强文化建设是提高民族整体素质的重要途径，丰厚的文化资源和文化能量可以对公民文明素质的提高起到强劲的支撑和推动作用。

（3）培育公民意识。公民意识是在现代法治环境下形成的，强调公民

① 习近平. 青年要自觉践行社会主义核心价值观——在北京大学师生座谈会上的讲话[J]. 人民教育，2014，（10）：6-9.

② 顾伯平. 文化力量与社会发展[J]. 求是，2005，（9）：44-47.

③ 张景彪. 素养教育——以养为道的生命修行[M]. 北京：清华大学出版社，2012.

的责任感和使命感、权利观和义务观[①]。制度并非公民意识形成的唯一保障，公民意识的形成与社会环境密切相关，不同文化氛围下所形成的公民意识不同。在专制的文化氛围下，公民缺少民主文化的熏陶，制度保障会因缺少环境的支持而失去作用；而在民主的文化氛围下，即使缺乏制度上的保障，公民仍然可以形成一定的公民意识，并且反过来可以有助于形成良好的民主制度。因此，建设先进文化不仅是政治文化现代化的客观要求，也是推进公民意识形成的必要条件。

（4）促进身心健康。身心健康是公民适应社会发展的重要精神资源和物质基础。传递积极的人生观、价值观的文化产品有助于促进公民身心的健康发展；相反，内容粗俗、格调低下的文化产品则可能助长社会不合理的文化消费心态和消费倾向，严重影响公民文化素质的提升，危害公民特别是青少年的身心健康。青少年阶段是世界观、人生观、价值观形成的关键时期，是影响心智成熟的重要阶段。如果不能及时对社会上的文化给予正确的梳理，对青少年缺乏正确的引导，这将对青少年身心健康带来极大危害[②]。因此，应发挥精神文化产品“育人化人”的重要功能，提升文化产品的思想品格和艺术品位，用思想性、艺术性、观赏性相统一的优秀作品弘扬真善美、贬斥假恶丑、丰富群众精神文化生活，切实确保广大群众的身心健康。

鉴于文化具有“以文化人”的独特作用，文化不应仅仅局限于为人民的娱乐、休闲和消遣服务，而更多地应是通过文化的手段、形式和载体，传播社会的主流价值观，实现对人的教化，促进社会的发展和进步。

（二）文化与国家软实力

文化是反映国家文明程度的重要标志，也是综合国力的重要组成部分。国家和民族的发展程度，往往与文化的发展水平相关联。文化具有认知功能、教化功能、沟通功能、凝聚功能、传承功能、娱乐功能，这些功能决定了文化在国家发展和民族进步中的意义[③]。

1990年，美国哈佛大学教授约瑟夫·奈提出的软实力概念，成为冷战后使用频率极高的一个词语，深刻影响了人们对国际关系的看法。他认为

① 许耀桐. 大力加强公民意识教育[J]. 求是，2009,（5）：46-47.

② 王长森. 关于促进文化市场健康发展对策的思考[J]. 理论探讨，1997,（2）：107-109.

③ 齐卫平. 文化功能及其在国家发展和民族进步中的意义[J]. 思想理论教育，2009,（13）：4-8.

软实力是“一种通过吸引而非强制或收买的手段来实现目的的特殊力量”①，是“通过文化和意识形态的魅力产生吸引的能力”②。一个国家的软实力能够通过这个国家的文化、政治观念和政策等产生和积累，其中，文化是最为重要、最为核心的力量。作为软实力的核心，文化软实力通过创造文化价值或文化附加值，继承、培育和发展一种独特的民众精神和品格，借助文化生产、文化交流、文化教育和文化传播等手段，使本国所倡导和奉行的价值观念被国内外受众认可，以此赢得国际声誉与影响力。

因此，一个国家的综合国力不仅包括经济实力、科技实力、国防实力，亦包括文化软实力、民族凝聚力等内容，且文化软实力渗透在政治、经济、科技和军事等方面。其不同之处在于，作为物质力量的经济实力、科技实力、国防实力等以一定的形态存在于社会、作用于社会，而作为精神力量的文化则不断向经济社会活动渗透，融入政治、经济、科技和军事等方面，为经济社会的发展提供强大的精神动力，推动社会前进。对经济与社会的发展来说，文化的内在驱动力决定了发展的方向，较经济力、政治力具有更强大的牵引力，文化软实力也成为影响地区竞争力的关键因素。

对于一个国家而言，即便经济实力、科技实力得到提升，如果其价值观、制度体系得不到别国的认同，也很难真正赢得国际尊重。中国传统文化所讲的“大富大贵”中“富”代表的就是一个国家的经济财富、科技实力，而“贵”则更多地来自别人的尊重。一个国家实力的强大可能会使他国畏惧，但要赢得他国的尊重，还需要在“德”上下功夫——以德服人。在国际上，尊重往往源于对一个国家价值观、道德规范、制度体系等软实力的信服，而非单单是因为国家实力的强劲。习近平总书记多次强调：“国无德不兴，人无德不立。”

当今国际政治斗争越来越多地反映为文化的竞争和冲突。美国当代著名政治学家塞缪尔·亨廷顿认为“冷战后，世界格局的决定因素表现为七大或八大文明，即中华文明、日本文明、印度文明、伊斯兰文明、西方文明、东正教文明、拉美文明，还有可能存在的非洲文明。冷战后世界冲突的基本根源不再是意识形态，而是文化方面的差异，主宰全球的将是‘文明的冲突’”③。

① Nye Jr J S. 软实力：权力，从硬实力到软实力[M]. 马娟娟译. 北京：中信出版社，2013.

② Nye Jr J S. 美国霸权的困惑[M]. 郑志国，等译. 北京：世界知识出版社，2002.

③ 亨廷顿 S P. 文明的冲突与世界秩序的重建[M]. 周琪，等译. 北京：新华出版社，2010.

文化成为了一个舞台，各种政治的、意识形态的力量都在这个舞台上较量。文化不但不是一个文雅平静的领地，它甚至可以成为一个战场，各种力量在上面亮相，互相角逐。

——〔美〕爱德华·W. 萨义德[①]

（三）文化与社会秩序

提升公民文化价值观念与提升公民素质之间具有根本的、不可忽视的内在逻辑关系。同时，构建被社会和公民广泛接受的认同感和价值观，可以大大减少国家治理成本，提高国家治理效能[②]。文化是规范社会秩序的重要制度，其在推进国家治理体系和治理能力现代化的进程中发挥着巨大的支撑和引领作用。

第一，文化引领国家治理的价值观念。文化是国家治理的可靠力量和支撑。文化价值标志着一个国家精神文明的运行状态，是人们意识、理念和思想的表达，它反映着一个国家和民族的性格，并支配人们的行动。文化价值观念的改进和塑造能够满足人与社会的发展对文化的需求，满足国家治理及提升国家品质的需要。文化力是一个国家治理的最高和最终的生产力。国家治理必须以雄厚的文化为基础，文化资源的多少与文化能力的强弱直接决定着国家治理能力的高低。因此，借助文化来实现有效的国家治理，一是努力提高文化生产力和创造力，以提升文化水平及其核心价值的影响力和渗透力；二是不断通过意识形态、文化教育和传播机制，加强民众对国家文化的认同。这两方面是密不可分的，缺乏文化生产力和创造力，文化认同就无从谈起；没有文化认同，文化生产力和创造力也只能成为空谈，文化的真正意义就无从实现。

第二，文化提供国家治理的制度规范。制度是维系国家治理的重要条件，也是决定国家成长的关键。文化是一种非正式制度，与法律法规等正式制度共同形成国家治理的制度基础。制度被定义为游戏的外部规则，它形成了人们对特定行为所能带来的物质回报的期许。相对地，文化被视为社会中个体的一系列内在价值观和信念。虽然文化和制度被特别区分开，但二者间存在相互作用。制度的建立往往基于一定的文化背景，

---

① 萨义德 E W. 文化与帝国主义[M]. 李琨译. 北京：生活·读书·新知三联书店，2003.

② 吕志奎. 推进国家治理现代化的文化战略[J]. 瞭望，2014,（25）：64.

因此，文化可以决定某种制度的存亡。当一种旧的制度无法运转时，蕴藏在新制度中的文化基因，一是为批判、否定和超越旧制度提供锐利的思想武器；二是以一种新的价值理念给人们以理想和信念的坚强支撑①。同时，制度能够激励人采取特定行动，形成文化规范，并由文化指导个体选择相同的行为。例如，制度可以激励某种行为模式，随时间的推移这一行为模式将被视为正确的行为，从而使个体在偏离模式时受到负效用。通过这一方式，制度主张和确立特定的文化规范，而相应的文化规范也将反过来强化制度本身②。

因此，文化是社会文明和国家进步的重要力量。文化，作为非正式制度，与正式制度共同构成人们组织经济活动所遵循的原则，无论是社会动员和整合，还是制度运行和效能，都离不开文化的重要作用。文化能够充当社会常态的调控器，确保国家治理方略的公平、正义。同时，文化有助于提高社会道德水准，创造良好的公共权力生态环境。国家治理的使命是协调冲突和创造秩序，其主要体现为公共权力及其运行。鉴于此，要高度重视文化在公共权力生态环境方面所具有的功能，把国家治理融于文化重塑中，实现更为有效的治理。

党的十八届四中全会《中共中央关于全面推进依法治国若干重大问题的决定》提出了全面推进依法治国，同时也指出“坚持依法治国和以德治国相结合”，“既重视发挥法律的规范作用，又重视发挥道德的教化作用，以法治体现道德理念、强化法律对道德建设的促进作用，以道德滋养法治精神、强化道德对法治文化的支撑作用，实现法律和道德相辅相成、法治和德治相得益彰”③。2016 年 12 月，习近平同志在主持中共中央政治局法治和德治集体学习时强调：“法律是准绳，任何时候都必须遵循；道德是基石，任何时候都不可忽视。”④

第三，文化是国家治理的重要战略力量。文化对内表现为对国家内部的整合力，对外表现为国家之间的竞争力，它的塑造能力直接决定着国家在国际竞争中的地位。同时，文化在这两方面的作用能够相互促进：一方面，在国内所拥有的合法性基础和相应整合力越大，在国际上的战略优势

---

① 陈春常. 转型中的中国国家治理研究[M]. 上海：上海三联书店，2014.

② Alesina F，Giuliano P. Culture and institutions[J]. Journal of Economic Literature，2015，53（4）：898-944.

③ 中共中央关于全面推进依法治国若干重大问题的决定[EB/OL]. http://cpc.people.com.cn/n/2014/1029/c64387-25927606.html，2014-10-29.

④ 学习贯彻习近平总书记在中央政治局第三十七次集体学习重要讲话，www.gov.cn/xinwen/2016-12/11/content_5146645.htm#1.

就越大；另一方面，通过文化优势来巩固和提升国家在国际空间中的地位，反过来能够提高国家在文化层面上的影响能力和社会整合能力[①]。

由此可见，无论是从国家外部生存的角度还是从内部治理的角度来看，文化都至关重要，国家进行文化塑造的过程同时也是国家实现有效治理的过程。将文化塑造与国家治理有机结合，使国家治理立足于文化塑造之中，是民主时代实现国家有效治理的战略选择[②]。

三、文化与国家文化安全

2014年4月15日，习近平同志在中央国家安全委员会第一次全体会议上明确提出总体国家安全观的思想，他指出："当前我国国家安全内涵和外延比历史上任何时候都要丰富，时空领域比历史上任何时候都要宽广，内外因素比历史上任何时候都要复杂，必须坚持总体国家安全观，以人民安全为宗旨，以政治安全为根本，以经济安全为基础，以军事、文化、社会安全为保障，以促进国际安全为依托，走出一条中国特色国家安全道路。"[③]当前，经济全球化和政治多极化曲折发展、各国间文化交往日益紧密，世界呈现出多元文化并存的格局，各国文化在相互较量与冲突中，实现沟通和融汇、吸收和发展。与此同时，这一发展也使得国家安全的内涵不断扩大，文化安全的地位不断凸显。如何在国际文化交流中维护自身的文化安全，保持文化的民族特性和独特形态，成为发展中国家当前面临的艰难挑战。

我国边疆地区和少数民族地区历来是各种文化思潮和民族主义思潮交融、碰撞的敏感地区，境内外敌对势力、非法宗教势力及民族分裂势力的文化渗透活动猖獗，是境外敌对分子文化渗透的前沿地带，文化安全形势十分严峻。敌对势力利用我国部分民众封建迷信和思想落后的条件，企图把我国民族地区作为"西化"和"分化"的突破口。敌对势力通过各种各样的形式进行文化渗透，其中包括在我国周边地区设立转播台向我国群众进行广播，利用卫星上行设备将其宣传内容对正常节目内

① 陈春常. 转型中的中国国家治理研究[M]. 上海：上海三联书店，2014.

② 邓玉琼. 推进国家治理现代化：基于文化的视角[J]. 中共石家庄市委党校学报，2014，(12)：30-33.

③ 中央国家安全委员会第一次会议召开 习近平发表重要讲话，www.gov.cn/xinwen/2014-04/15/content_2659641.htm.

容进行覆盖[①]，以实现散布其宣传内容的目的，这对我国的文化安全和边境稳定构成了严重威胁。

除敌对势力以极端手段对我国造成的文化不安全因素外，我们还应警惕西方国家的文化霸权主义。推行文化霸权是指“一个国家在其自身经济发展处于优势地位的条件下，由于政治霸权意志的驱动，运用自身的文化资源对其他国家的文化加以影响、渗透和侵略，从而形成控制与被控制的权力关系”[②]。冷战以来，以美国为首的西方国家持续在世界范围内输送其标榜的意识形态和价值观。美国利用其各方优势，以自由、民主、人权等价值观为工具，推行文化霸权主义，刻意对他国进行文化殖民。企图在对意识形态的渗透下，操控他国经济社会的发展方向。布热津斯基在《大失控与大混乱》一书中提出：“削弱民族国家的主权，增强美国的文化作为世界各国‘榜样’的文化和意识形态力量，是美国维持其霸权地位必然实施的战略。”[③]

美国没有设立文化部，而是由中央情报局填补这一空缺。根据 1950 年美国国家安全委员会的定义，宣传是指“有组织地运用新闻、辩解和呼吁等方式散布信息或某种教义，以影响特定人群的思想和行为”。美国将宣传视为“心理战”的重要部分，意图“有计划地运用和宣传其他非战斗活动传播思想和信息，以影响其他国家人民的观点、态度、情绪和行为，使之有利于本国目标的实现”[④]。弗朗西斯·斯托纳·桑德斯在《文化冷战与中央情报局》一书中披露，冷战时期，美国中央情报局曾秘密执行一项文化宣传计划，通过在各国出版刊物、举办展览、组织国际会议等方式，传播有利于“美国方式”的观点，以寻求美国外交政策的海外利益[⑤]。在当下全球化的背景下，美国更是以其在经济上的优势和在全球文化中的主导地位为主要依托，通过新闻、影视、图书等文化产品的输出，将其意识形态蕴含其中，在全球范围内进行兜售[⑥]。在文化出口方面，美国的艺术和文化产业 2006 年以来每年均为贸易顺差，并且每年均

---

① 王宏．卫星电视信号的安全防范[J]．电视技术，2010，(3)：76-78.

② 陈乔之，李仕燕．西方文化霸权威胁与中国国家文化安全选择[J]．暨南学报（哲学社会科学版），2006，28（1）：5-11.

③ 布热津斯基 Z．大失控与大混乱（失去控制：21 世纪前夕的全球混乱）[M]．潘嘉玢，刘瑞祥译．北京：中国社会科学出版社，1994.

④ 陈力丹，潘彩霞．看不见的宣传——美国脱口秀节目走红的传播学分析[J]．新闻爱好者，2014，(5)：27-30.

⑤ 桑德斯 F S．文化冷战与中央情报局[M]．曹大鹏译．北京：国际文化出版公司，2002.

⑥ 朱继东．全球化的本质及其对中国意识形态的挑战[J]．前线，2015，(2)：15-17.

稳定在 200 亿美元以上[①]。

霸权国家的文化扩张对我国国人的思维方式和生活方式造成了一定冲击，对社会主义意识形态形成了巨大挑战。2002 年 9 月，时任中国外交部部长的唐家璇在第 57 届联合国大会上指出，“安全的内涵不断扩大，安全问题不再是单纯的军事问题，已经涉及政治、经济、金融、科技、文化等诸多领域”[②]。这是中国政府首次在国际会议上提出“新国家安全观”。2004 年，党的十六届四中全会首次提出要确保国家的政治安全、经济安全、文化安全和信息安全[③]。之后，文化安全问题在中国共产党全国代表大会与中国共产党中央委员会全体会议上被数次提及和强调，维护文化安全上升为我国维护国家安全的一个战略重点。

因此，在国际文化的交流与合作中，要深刻认识当前国际文化发展格局，坚持平等和尊重的原则，有效处理文化的冲突与融合，把握文化开放与文化安全间的平衡，坚决抵制和防御文化霸权主义。同时，更应积极应对国际文化竞争，大力推进本国文化发展，增强中华文化的整体实力和国际竞争力。

第二节　公共文化与公共文化服务

一、公共文化

公共文化这一概念源于哈贝马斯（J. Habermas）对“市民社会”（civil society）理论的解释：“对市民社会分散公共利益的整合，建立的统一价值认同体系，即为公共文化。”[④]我国学者荣跃明认为，公共文化始建于早期

① 郑苒. 文化艺术发展速度超过其他经济部门[EB/OL]. www.bzcec.gov.cn/content/2016-02/29/145671453048085.html，2016-02-29。

② 唐家璇在联大阐述互信互利平等协作的新安全观，http://www.china.com.cn/chinese/2002/Sep/204213.htm.

③ 中共中央关于加强党的执政能力建设的决定[EB/OL]. http://cpc.people.com.cn/GB/64162/71380/102565/10326365.html，2004-09-19.

④ Habermas J. Civil society and the political public sphere[J]. Between Facts and Norms，1996：329-387.

的资本主义民主化进程，伴随这一进程而形成的公共领域，经过政治公共领域、文化公共领域的分化和体制化两个阶段，最终发展成为现代社会的公共文化[①]。公共文化的概念在西方学术界鲜有直接使用，但在国内学术界得到了广泛关注。黄楠森将公共文化界定为，由政府或社团设立的面向社会大众的公共文化设施和活动[②]。万林艳认为，公共文化是一种特殊的文化范畴，其外延具有群体性和共享性，内涵则具有整体性、公开性、一致性和公益性[③]。

界定公共文化，离不开对文化和公共两个概念的认知。如前文所述，学术界和实践界对文化概念的内涵和外延尚未形成统一的认识，在不同地域、民族和语义下，甚至同一语义下对文化的理解都相距甚远。《辞海》定义，狭义的文化，是指社会意识形态，以及与之相适应的组织机构和制度；广义的文化，是指人类社会实践过程中所创造出的物质财富和精神财富的总和[④]。马克思主义则认为，文化即“人化”[⑤]，指人为地给外在世界的事物打上人类的思想，以及意志的烙印。因此，人的本质决定了文化的本质，人的实践活动创造了文化。目前，联合国教育、科学及文化组织于1998年对文化的定义较为普遍地被国际认同：文化是一种生活方式和生存方式，包括人们所持的价值观，对他人（民族和性别）的容忍，外在的及与之相对的内在的取向和偏好，等等。

公共则是与私人或私有相对应的概念。汉娜·阿伦特把“公共的”一词理解为世界本身，凡是能够被每个人看见或者听见的公共场合的东西，都具有最广泛的公开性[⑥]。公共产品（public goods）理论则从非竞争性（non-rivalness）和非排他性（non-excludability）两个维度来定义公共[⑦]。非竞争性，是指在生产水平既定的情况下，一个人的消费不会减少其他人的消费数量，或者说，许多人可以同时消费这种产品。例如，国防在保护一个公民的生命财产安全的同时，不会减少对其他人的保护程度。非排他性，是指该产品的消费不能被某人所专有，若要限制其他人消费这种产品，无论从技术上还是从制度上，都是不可能的或者代价（成本）较大的，也就

① 荣跃明. 公共文化的概念、形态和特征[J]. 毛泽东邓小平理论研究，2011，(3)：38-45.

② 黄楠森. 论文化的内涵与外延[J]. 北京社会科学，1997，(4)：11-15.

③ 万林艳. 公共文化及其在当代中国的发展[J]. 中国人民大学学报，2006，(1)：104-109.

④ 辞海编辑委员会. 辞海[M]. 上海：上海辞书出版社，1979.

⑤ 中共中央马克思恩格斯列宁斯大林著作编译局. 马克思恩格斯选集（第2卷）[M]. 北京：人民出版社，1957.

⑥ 阿伦特 H. 文化与公共性. 刘锋译. 北京：生活·读书·新知三联书店，1998：70.

⑦ Samuelson A. The pure theory of public expenditure[J]. The Review of Economics and Statistics, 1954, 36(4): 387-389.

是说，一个人不管是否付费，都会消费而且必须消费这种产品。例如，国防就是典型的公共产品，在一国范围内要排除在该国居住的某个人享受国防保护带来的好处是极其困难的，并且该人不享受这种物品也是不可能的。

根据经济学定义中物品的排他性和竞争性，可以将产品分为四类：①纯公共产品，排他性和竞争性都很低的产品，如国防、环境保护等；②俱乐部产品，具有排他性，但消费上具有非竞争性，而且存在“拥挤临界点”，如高速公路、高等教育、城市公共服务等；③紧缺资源，消费上具有竞争性，但无法有效地排他，如公共渔场、林地等；④私人产品，消费上具有竞争性，而且也能有效排他，如目前市场上的绝大多数产品①。俱乐部产品和紧缺资源介于公共产品和私人产品之间，而且具有上述两种属性之一，因此又被称为准（半）公共产品。公共产品，包括纯公共产品和准公共产品，均能在一定程度上和一定范围内满足社会公共需要，具有正外部性。相对于私人产品而言，公共产品具有更强的非排他性或非竞争性。

公共文化具有公共产品属性。公共文化是以培养公共观念及群体价值认同为宗旨，以公共文化设施和资源为依托，用以满足社会公众文化需求而提供的物质享用和精神享受的产品、设施、服务及制度安排，其核心任务是对公众进行德的培育、提升人文素养、提高文明素质、培育公民意识、促进身心健康。

二、公共文化服务

（一）公共服务概述

公共服务是政府为满足社会公共需要而提供的产品与服务的总称，包括水、电、气等具有实物形态的产品，以及教育、医疗、社会保障等非实物形态的产品，公共服务具有公共产品的属性。公共服务供给，是指筹集和调动社会资源通过提供公共产品这一基本方式来满足社会公共需要的过程②。与市场提供的“私人服务”相比，公共服务最重要的特征在于公共

① Samuelson A. The pure theory of public expenditure[J]. The Review of Economics and Statistics, 1954, 36（4）：387-389.

② 孙晓莉. 中外公共服务体制比较[M]. 北京：国家行政学院出版社，2007.

性。基于上述讨论，公共服务应具有如下特点。

（1）公共服务是以政府为主体、鼓励市场和社会力量积极参与的公共产品。公共服务与政府的法定职责密切相关，是政府必须负责提供的服务。公共服务由政府负责提供，但不一定由政府公共部门来直接提供或直接生产。政府可以采用市场化方式来履行公共服务责任，充分利用和调动市场和社会资源，形成以公益性事业单位为主体，由政府公共部门、私营部门和第三部门共同参与的多元化公共服务体系，有利于促进良性竞争、多元互补，缓解公共资源不足，提高公共服务的质量和效率，降低公共服务的成本。政府并不是唯一的公共服务提供者，在主要的发达国家，竞争性外包作为公共服务的一种模式，已经被广泛采用，其他组织甚至消费者自己都可能是公共服务的提供者。近年来，政府购买也成为我国各省（自治区、直辖市）提供公共文化服务的常规方式。在这一模式中，政府的责任是采用监管、付费和直接提供等干预工具，确保公共服务以一种高质量、高效率、低成本的公平的形式提供。但是，必须承认，提供公共服务是政府的职责，政府仍然是提供公共服务的责任主体，其他组织和个人都是依赖政府的授权或转包而进行公共服务生产的。因此，政府必须强化其在公共服务提供中的终极责任和主导地位。政府委托第三方来提供公共服务，并不转移政府的公共服务提供职责。在公共服务领域引入市场机制，也不是政府公共服务提供责任的市场化，而是公共服务提供机制的市场化。

（2）公共服务的目的是增进公共利益，保障社会公正。与私人服务不同，公共服务不以营利为目的，不追求自身利益的最大化。相反，它以满足公共需求为出发点，以增进公共利益为最终目标。而私人服务的生产和供给状况则直接依赖于能否获利，对于不能获利的服务，私人服务则会表现出消极，甚至拒绝的态度。是否以营利为目的，明确地将公共服务与私人服务区分开。与之相应，市场主体所遵循的市场竞争法则并不是公共服务所应遵循的主要规律，公共服务的目标应该是维护社会公正和公平。在市场经济中，私人服务的质量与顾客的经济地位和消费能力相联系，多以消费能力高的顾客为专门的服务对象，提供的服务具有特殊的指向性和覆盖群体。与之不同的是，公共服务不能偏向于社会经济地位高的部分消费者，而应该对于所有公民都具有普遍意义。有学者认为，公共服务实际是一种国民收入的再分配，肩负着减少收入差距，促进社会和谐、持续发展的职责，因此，公共服务甚至应该向某些特定群体和地区倾斜或重点投入①。公共服务维护社会公共利益，关乎公民基本权利的保障和实现。因而，界

① 孙晓莉．中外公共服务体制比较[M]．北京：国家行政学院出版社，2007．

定公共服务的概念需要将公共服务的对象与公民基本权利相联系，使公共服务事业与相关法律法规顺利对接。

（3）公共服务是公共性、标准化、底线型的服务。公共服务应该以满足社会公共需求为目的，而公共需求是极其多样化的，并且处于不断的变化当中。因而对于公共服务目的的界定不应通过列举的方法来陈述各种具体的内容，而应在普遍的意义上强调公共性。只要是具有公共性的事业都有成为公共服务内容的可能，若现实条件允许，即可成为公共服务的一部分。私人服务往往依靠市场机制，针对不同消费群体形成不同的服务定价和服务质量，根据不同消费群体的消费需求和消费潜力来划分不同的服务档次。因此，不同质量的私人服务的消费群体是清晰的，为不同的消费者提供不同的服务是提供者的必然选择。但公共服务不同，它的消费者是全体公民。由于不同的文化背景、宗教信仰、消费能力等，不同的公民群体对公共服务的要求也是千差万别的。因此，公共服务不可能像私人服务一样，通过界定自己服务的消费群体来制定不同的服务标准。“在许多向公众直接提供服务的公共机构，顾客服务导向很快就会因千差万别的服务对象、不充足的资源和不确定的方法而受阻，这是公共政策执行过程中的显著特点。”[①]因此，公共服务只能是一种标准化的服务。公共服务的主要提供者是政府（无论是否作为直接生产者），而政府拥有的公共资源（尤其是公共财政）是有限的，不可能满足所有公民所有层次的需要，而只能满足公民普遍的基本需要，因此，公共服务往往是底线型的。底线型服务的差异化程度相对较低。公共服务主要针对的是无力通过市场机制来满足自身基本需求的公民，尤其是社会弱势群体；而对于有经济实力通过市场机制满足自身需求的公民而言，底线型的公共服务不足以满足其需求。公共服务的目的是达到和提高整个社会享受服务的底线。

综上所述，我们认为，公共服务是指以政府为主导，以公共财政为保障，以社会广泛参与为补充，基于社会需求与公共利益，向全体公民提供公共产品及服务的过程和活动。在公共服务供给中，政府可以通过公共部门直接提供或者通过委托私营组织和社会组织来间接提供，由公众普遍、公平、均等地直接享用所提供的产品和服务，以满足公众基本生活需求、提升公众生活品质及其自身素质和能力。公共服务为社会公众参与经济、政治、文化、社会活动等提供了保障，其中包括社会保障、社会就业、公共设施建设与科教文卫体工会等多种公共事业。基本公共服务是指建立在一定社会共识基础上的，由政府主导提供的，与经济社会发展水平和阶段

① 辛传海. 公共服务：是“顾客主权”还是“公民主权”[J]. 云南行政学院学报，2004，(2)：31-34.

相适应的，旨在保障全体公民生存和发展基本需求的服务。享有基本公共服务是公民的权利，提供基本公共服务是政府的职责。

（二）公共文化服务概述

公共文化服务是我国基本公共服务的重要组成部分。中共十六届六中全会《中共中央关于构建社会主义和谐社会若干重大问题的决定》中，把教育、卫生、文化、就业再就业服务、社会保障、生态环境、公共基础设施、社会治安等列为基本公共服务；《国家基本公共服务体系“十二五”规划》把基本公共服务的范围界定为保障基本民生需求的教育、就业、社会保障、医疗卫生、计划生育、住房保障、文化体育等领域的公共服务。

我国首次明确提出公共文化服务的概念是在《国家“十一五”时期文化发展规划纲要》中，并在《文化部“十二五”时期公共文化服务体系建设实施纲要》中对其进行了定义①。另外，《公共文化服务保障法》将公共文化服务界定为：“由政府主导、社会力量参与，以满足公民基本文化需求为主要目的而提供的公共文化设施、文化产品、文化活动以及其他相关服务。”

传统行政管理学将公共文化作为一项政府管理职能，但随着服务型政府理念的深入，强调管理职能的公共文化管理逐渐转变为以突出服务理念为特色的公共文化服务，但不同学者看待公共文化服务的侧重点有所不同。陈威和王霞都强调公共文化服务的基本性，认为公共文化服务是满足基本文化需求的公共产品和服务②。齐勇峰、周晓丽和毛寿龙注重公共文化服务的正外部性，认为公共文化服务就是基于社会效益的公共文化资源配置活动③。闫平和李景源等突出了政府在公共文化服务中的主导地位，认为政府主导、社会参与是公共文化服务的主要形式，税收和财政投入是政府投入的主要方式④。曹爱军和杨平从制度性考察公共文化服务，认为公共

---

① 以公共财政为支撑，以公益性文化单位为骨干，以全体人民为服务对象，现阶段以保障人民群众看电视、听广播、读书看报、进行公共文化鉴赏、参与公共文化活动等基本文化权益为主要内容，向社会提供的公共文化设施、产品、服务及制度体系的总称。

② 陈威. 公共文化服务体系研究[M]. 深圳：深圳报业集团出版社，2006；王霞. 论公共文化服务体系的构建[J]. 南阳师范学院学报，2007，6（11）：23-24.

③ 齐勇锋. 解读《关于深化文化体制改革的若干意见》[J]. 出版参考，2006，（4）：5；周晓丽，毛寿龙. 论我国公共文化服务及其模式选择[J]. 江苏社会科学，2008，（1）：90-95.

④ 闫平. 试论公共文化服务体系建设[J]. 理论导刊，2007，（12）：112-116；李景源，陈威，章建刚，等. 中国公共文化服务发展报告（2007）[M]. 北京：社会科学文献出版社，2007.

文化服务是提供公共文化产品和服务行为及其相关制度与系统的总称[①]。毛少莹提出，公共文化服务即公共部门为满足公共文化需求而提供的各类文化产品和服务的总称[②]。

公共文化服务是政府公共服务的重要内容，是由政府部门为主的公共部门提供的，以保障公民的基本文化权利为目的的，向公民提供公共文化产品与服务的制度和系统的总称，包括公共文化服务设施、资源和服务内容，以及人才、资金、技术和政策保障机制等方面的内容。公共文化服务以政府提供为主体，以全社会共同消费、平等享受文化成果、实现群众文化权利为基本目标，具有保障公民文化权利、满足公民文化需求、传播先进文化、推动文化创新等多方面的功能。

1. 保障公民的文化权利

公共文化服务是基于公民的文化权利和文化需求出发的。联合国《世界人权宣言》第二十七条规定“人人有权自由参加社会的文化生活，享受艺术，并分享科学进步及其产生的福利”[③]。联合国《经济、社会及文化权利国际公约》第十五条第一款规定“本公约缔约各国承认人人有权：（甲）参加文化生活；（乙）享受科学进步及其应用所产生的利益；（丙）对其本人的任何科学、文学或艺术作品所产生的精神上和物质上的利益，享受被保护之利”[④]。《中华人民共和国宪法》第四十七条规定“中华人民共和国公民有进行科学研究、文学艺术创作和其他文化活动的自由”[⑤]。从文本意义上来看，《中华人民共和国宪法》突出了“科学研究”和“文学艺术创作”，但对其他的文化活动没有详细列举。根据各国的普遍规定，文化权利范围应当扩展到教育权利、学术自由、科学研究自由、文化创造和文化活动、体育和其他有益于人民群众身心健康的娱乐活动。

总体而言，公民文化权利应包括四大类：文化参与权、文化分享权、文化创造权和文化保护权。随着经济社会的发展，公民的精神文化需求日益旺盛，实现公民文化权利是当前我国社会发展的关键所在。除对文化创造权和文化保护权的法律保障外（表 1-1），2016 年 12 月，《公共文化服务保障法》正式出台，为明确各级政府和文化部门的责任，保障人民群众的

① 曹爱军，杨平. 公共文化服务的理论与实践[M]. 北京：科学出版社，2011.

② 毛少莹. 公共文化服务概论[M]. 北京：北京师范大学出版社，2014.

③ 联合国. 世界人权宣言[Z]. 1986.

④ 联合国. 经济、社会及文化权利国际公约[Z]. 1997.

⑤ 《中华人民共和国宪法》。

文化参与权提供了法律依据。

表 1-1　公民的文化参与权和保护权

文化权利	定义及其必要性	法律对于文化权利的保护
开展文化创造的权利	公民发挥自身文化主体的作用，进行文化创造，并享有保护自己创作的文学、科学或艺术作品的精神和物质利益的权利	科学研究和文艺创造权在西方各国的宪法上往往属于良心与思想自由的范畴，国家不得加以任意干涉 国家对公民的科学研究和文艺创作权负有保障义务，在我国主要由《中华人民共和国科学技术进步法》等法律履行文化权的制度性保障义务
文化成果受保护的权利	与文化创造权利是紧密联系在一起的，如果没有形成对知识产权的保护机制，没有有效地保护文化创造成果，必然会打击人们开展文化创造的积极性	公民文化成果受保护的权利在很大程度上蕴于科学研究与文艺创作权之中，但由于这一权利非常重要，《世界人权宣言》及《经济、社会及文化权利国际公约》都对其加以明确规定 《中华人民共和国宪法》并没有明文规定公民的文化成果受到保护，但第四十七条关于“中华人民共和国公民有进行科学研究、文学艺术创作和其他文化活动的自由。国家对于从事教育、科学、技术、文学、艺术和其他文化事业的公民的有益于人民的创造性工作，给以鼓励和帮助”的规定和第二十条关于“国家发展自然科学和社会科学事业，普及科学和技术知识，奖励科学研究成果和技术发明创造”的规定包含了公民的文化成果受保护权及国家的相应义务之内容；《中华人民共和国民法通则》《中华人民共和国侵权责任法》《中华人民共和国著作权法》《中华人民共和国专利法》《中华人民共和国科学技术进步法》等法律对作品、发明、实用新型和外观设计等文化成果加以保护，可以说是国家履行制度保障义务的重要体现

公民的文化权利，即公民对文化生活的享受权、参与权及创造权。公民文化权利的内涵十分丰富，包括：享受和参与图书馆、文化馆、博物馆、美术馆、纪念馆、体育馆等公共文化基础设施提供的各种公共文化服务；享受文化科技进步的权利；参与政府部门、社会团体，以及文化市场提供的丰富文化生活；接受教育与培训；等等。

人的文化需求相对人的基本物质需求表现出某种滞后性，即人们通常期望先满足了基本物质消费再选择基本精神文化消费。当社会物质财富日渐充裕，群众的基本物质消费得到满足后，其公共文化权利意识就会逐步显现，对日常生活中文化产品与服务的强烈需求将更加突出。

2. 公共文化服务：实践视角和理论视角

2006 年,《国家“十一五”时期文化发展规划纲要》颁布，提出了公共文化服务的概念。2011年，党的十七届六中全会《中共中央关于深化文化体制改革推动社会主义文化大发展大繁荣若干重大问题的决定》在“构建公共文化服务体系”中提出，“加强公共文化服务是实现人民基本文化权益的主要途径。要以公共财政为支撑，以公益性文化单位为骨干，以全体人民为服务对象，以保障人民群众看电视、听广播、读书看报、进行公共文化鉴赏、参与公共文化活动等基本文化权益为主要内容，完善覆盖城乡、结构合理、功能健全、实用高效的公共文化服务体系”。《国家基本公共服务体系“十二五”规划》提出，国家建立公共文化体育服务制度，“保障人民群众看电视、听广播、读书看报、进行公共文化鉴赏、参加大众文化活动和体育健身等权益”。《文化部“十二五”时期公共文化服务体系建设实施纲要》提出公共文化服务体系是“以公共财政为支撑，以公益性文化单位为骨干，以全体人民为服务对象，现阶段以保障人民群众看电视、听广播、读书看报、进行公共文化鉴赏、参与公共文化活动等基本文化权益为主要内容，向社会提供的公共文化设施、产品、服务及制度体系的总称”。《公共文化服务保障法》将公共文化服务定义为“由政府主导、社会力量参与，以满足公民基本文化需求为主要目的而提供的公共文化设施、文化产品、文化活动以及其他相关服务”。

在2006年《国家“十一五”时期文化发展规划纲要》颁布之后，由于党和政府明确提出了有关文化服务发展的总体目标，随之出现了研究公共文化服务的小高潮，对公共文化服务这一概念的界定也纷至沓来，归纳总结起来，主要有以下五种切入角度。

（1）以公共文化服务的范围作为切入点，将公共文化服务区分为广义公共文化服务和狭义公共文化服务，并分别加以界定。“在现代市场经济条件下，公共文化服务可以有宽窄两种理解。广义的公共文化服务实际上将政府对文化领域提供的文化管理服务均包含在内，即文化政策服务（包括文化相关法律、法规、政策等）和文化市场监管服务。狭义的公共文化服务才是我们这里所说的，区别于以一般市场方式提供的文化商品（产品及服务）的文化类公共品”①。

（2）以公共文化服务的主体为切入点，将公共文化服务与其他文化服务区分开，加以阐释。“公共文化服务，就是公共部门和准公共部门，以满足社会基本文化需求为目的，共同生产和向社会提供公共文化产品和服务的行为的总称。所谓公共部门，主要指政府部门。公民权利本身构成了政府责任，面向全体公民的公共服务体现了政府基本职能。所谓准公共部门，

① 张晓明，李河．公共文化服务：理论和实践含义的探索[J]．出版发行研究，2008，（3）：5-8.

国外主要指面向不特定群体提供服务的非营利组织；国内主要指文化事业单位，以及面向不特定群体提供服务的民间社团组织”①。

（3）以公共文化服务的性质为切入点，将公共文化服务与市场文化服务、经营性文化产业区别开来加以阐释。“一般来说，一个社会的文化服务，主要有两个方面，即公共文化服务和市场文化服务。凡是由国家政府提供的、面向社会全体公民的、非营利性的就是公共文化服务；凡是由私人组织提供的、面向社会部分群体的、营利性的就是市场文化服务”②。“公共文化服务事业是指与经营性文化产业相对应，主要着眼于社会效益，以非营利性为目的，为全社会提供非竞争性、非排他性的公共文化产品和服务的文化领域”③。

（4）以公共文化服务所提供产品和服务的公益性程度为切入点，对公共文化服务进行内部细分加以阐释。“公共文化服务是文化领域的公益性物品或者服务，不过，其公益性并不是一定的，根据其公益性水平不同和是否具有排他性或者竞争性，还可以细分为纯粹公益性质的公共文化物品和服务、具有有限竞争性的准公共文化物品和服务，以及具有有限排他性的准公共文化物品和服务”④。

（5）以公共文化服务的资金来源为切入点，将公共文化服务界定为“在政府主导下，以税收和财政投入方式向社会整体提供文化产品及服务的过程和活动”⑤。

因此，学术界对于公共文化服务的概念界定主要包括以下五个方面的要素：第一，公共文化服务的提供主体是政府；第二，公共文化服务的服务对象是社会全体公民，即以社会整体作为服务对象；第三，公共文化服务的目的是满足公民文化生活需要，实现公民文化权利；第四，公共文化服务的性质是不以营利为目的的公益性活动；第五，公共文化服务的方式是以税收和财政投入的方式向社会提供文化产品。

总结来看，《公共文化服务保障法》出台前，党和政府的文件与学术界对于公共文化服务界定的侧重点是不同的。党和政府文件中对公共文

① 巫志南．现代服务型公共文化体制创新研究[J]．华中师范大学学报（人文社会科学版），2008，47（4）：110-116.

② 王大为．公共文化服务的基本特征与现代政府的文化责任[J]．齐齐哈尔师范高等专科学校学报，2007，（3）：67-69.

③ 郝新凤．关于公共文化服务体系建设的思考[J]．学习论坛，2006，（8）：59-61.

④ 周晓丽，毛寿龙．论我国公共文化服务及其模式选择[J]．江苏社会科学，2008，（1）：90-95.

⑤ 章建刚，陈新亮，张晓明．近年来中国公共文化服务发展研究报告[J]．中国经贸导刊，2008，（7）：23-25.

化服务的界定是对现有公共文化服务的总结，更重视服务的具体内容。而学术界的界定比较偏重于对公共文化服务特点的抽象。两个概念罗列如下：

（1）党和政府的文件定义下的公共文化服务，是指保障人民群众看电视、听广播、读书看报、进行公共文化鉴赏、参与公共文化活动等基本文化权益，由政府主导、社会力量参与提供的各种基本文化服务。

（2）学术界定义下的公共文化服务，是指为实现公民基本文化权利，满足公民基本文化生活需要，由公共财政支持的、政府负责提供的、其他社会力量参与的、面向全体公民的文化产品与服务。

前者的优点在于清晰，一目了然，回避了现实中的争议，如是否需要公共财政保障等问题。但其问题在于中央文件是相对短期的公共政策，对一段时期内，如本届政府的工作或者五年计划内政府的工作，具有指引作用，而法律是更长期、更稳定的公共政策，一经制定短期内无法迅速修正。因此，上述表述能够较好地概括现实情况，但是，无法关照到法律的规范性、系统性、长期稳定性的要求。因此，2016 年出台的《公共文化服务保障法》采用了与学术界的定义相一致的更为系统性的定义。

3. 公共文化服务的层次性

（1）基础性（基本）公共文化服务（全国性）。

提升国民基本文化素质、保障最基本文化权益，如读书看报、观看影视作品、听广播、公共文化鉴赏、文化素质培训等。

（2）地方性公共文化服务。

满足特定地域（族群）的特殊文化需求、反映特定地域的文化特色、实现历史文化传承、延续独特文化标识，包括非物质文化遗产、民族民间文化资源、地方特色文化精品等。

（3）群众性公共文化服务。

满足基层群众（如社区居民）日常的公共文化需求，是一种自我创造、自我服务、自我发展的自发式文化娱乐方式，如广场文化、社区文化、乡村文化等。

针对以上三个层次，公共文化服务工作应推动基础性公共文化服务均等化、地方性公共文化服务特色化、群众性公共文化服务生活化。

第一，切实保障基础性公共文化服务。

深入实施《公共文化服务保障法》和《国家基本公共文化服务指导标准（2015—2020 年）》，由中央和地方政府共同承担，中央负有保障职责。

第二，大力发展地方性文化产品。

主要由地方政府主导并负责保障，中央可根据文化产品的外部性程度给予适当支持和补贴。

第三，积极扶持群众性文化活动。

按照“政府引导、社会支持、群众广泛参与”的思路，坚持“业余自愿、形式多样、健康有益、便捷长效”的原则，采用政府补贴和自我筹资相结合的方式发展群众性文化活动。

4. 公共文化服务的特征

1）公共文化服务属于基本公共服务

中共十六届六中全会《中共中央关于构建社会主义和谐社会若干重大问题的决定》中，把教育、卫生、文化、就业再就业服务、社会保障、生态环境、公共基础设施、社会治安等列为基本公共服务;《国家基本公共服务体系“十二五”规划》把基本公共服务的范围界定为保障基本民生需求的教育、就业、社会保障、医疗卫生、计划生育、住房保障、文化体育等领域的公共服务；公民的基本公共文化权利受《公共文化服务保障法》保障。基本公共服务是政府为满足公众最基本的公共需求，依据自身能力提供的产品和服务，是国家在一定发展阶段、一定生产力水平的基础上其公共服务应该覆盖的最小范围和边界,体现了公民最基本的生存权和发展权。基本公共文化服务主要由政府提供，其在性质上属于基本公共服务，与之相对应的是私人服务，私人服务通过市场来提供。另外，也有些服务是介于基本公共服务与私人服务之间的准公共服务。

2）公共文化服务强调的是基本保障

基本公共文化服务是基本公共服务的重要组成部分，是保障和满足公民生存和发展所需的基本文化服务，强调的是基本保障。《公共文化服务保障法》规定：各级人民政府应当充分利用公共文化设施，促进优秀公共文化产品的提供和传播，支持开展全民阅读、全民普法、全民健身、全民科普和艺术普及、优秀传统文化传承活动。以上服务内容是最基本的文化权益，涉及公民基本文化素质的培养，关系公民的学习能力、发展能力的培养。对政府而言，强调公共文化服务的基本保障，是由社会主义初级阶段的国情决定的，就目前国力来讲只能是广覆盖、低水平，难以满足人民群众全部的精神文化需求。特别是文化惠民工程，应致力于消除城乡二元结构，实现社会的公平正义。

3）基本公共文化服务具有的属性

基本公共文化服务具有如下属性：①以公共财政保障为主，即基本公共文化服务主要以免费或优惠的形式提供。②与经济社会发展水平相适应。由于是免费或优惠提供，需要在公众文化需求和公共财政支撑能力之间寻找平衡，实现二者的统一。③遵循“四性”原则。均等性是本质特点，它决定了这类服务是底线型、差异化程度相对较低的服务。公共文化服务在内容、范围上具有基本性特征，以此作为均等化提供的“尺度”。基本公共文化服务是使全体人民受益的服务，是社会公平正义的体现，即具有公益性。因此，基本公共文化服务成本由全体受益人分担，以公共财政为主要保障。基本公共文化服务须让百姓方便享有，所以，便利性是基本公共文化服务实现的前提。“四性”是一个有机整体，从总体上概括了基本公共文化服务的内容、范围和提供方式。

5. 现代公共文化服务体系

从文化建设和体制改革的角度来说，公共文化服务体系建设的提出有其独特的历史背景和时代价值。人民日益增长的文化需求是我国经济社会不断发展下的必然趋势，而对公共文化服务体系建设关注的不断加强，将有效弥补我国长期以来受生产力发展水平限制、重物质建设与服务、轻文化建设与服务的不足，是满足人民群众基本文化需求的主要途径[①]。

公共文化服务体系以公共文化内容服务和产品供给为中心，以公共文化人才保障为中坚，以公共文化组织体系为支撑，以公共文化基础设施为主要载体，以公共文化政策法规为基本保障，构建结构合理、功能健全、实用高效的公共文化服务体系，对我国经济社会发展与社会主义建设具有重要意义。

从与社会主义和谐文化建设关系的角度来说，加快完善公共文化服务体系反映了广大群众的基本文化诉求，对于提高全民族思想道德水平和科学文化素质，建成民主和谐的现代化国家具有推动作用。

从政治意识形态的建构角度来说，公共文化服务体系建设具有政治价值与战略意义[②]，对我国公民整体素质的提高、民族意识的加强、社会主义核心价值观的认同与实践具有重要意义。高素质的劳动力、健康的社会文化环境反过来将推动我国经济社会的进一步发展，由此形成良性循环。

从公民文化权利的角度来说，公共文化服务体系建设是社会大众，尤其是农村居民或弱势群体基本文化权利保障和实现的重要途径，是我国权

① 闫平. 试论公共文化服务体系建设[J]. 理论学刊，2007，(12)：112-116.

② 夏国锋，吴理财. 公共文化服务体系研究述评 [J]. 理论与改革，2011，(1)：156-160.

益保护水平提高、保护范围扩大的重要体现。

从文化软实力的角度来说，一个成熟的公共文化服务体系，对内可以积极保护与开发文化遗产、推动文化共享、鼓励文化原创，以达到凝聚核心价值、加强文化认同、促进社会和谐的作用；对外可以通过积极开展文化交流、传播文化理念、塑造文化形象，以提升国家软实力、营造和谐发展的国际环境。因此，公共文化服务体系建设对提升我国的国际形象与影响力有重要意义[①]。

政府是公共文化服务的责任主体，在公共文化服务体系建设中扮演关键角色。随着我国深化改革和提升国家治理能力进程的加快，政府职能不断强化，政府对公共文化服务体系建设的重视程度也不断加大。国家重要政策文件对公共文化服务体系建设的不断强调和具体要求的提出，为公共文化服务体系的快速发展创造了历史机遇。

（三）现代治理视角下的公共文化服务

1. 现代治理体系下的政府、市场与社会

1）市场失灵

作为公共产品公共服务同样具有非排他性和非竞争性，这使市场在公共产品和服务提供上难以发挥配置资源的基础性作用，即市场失灵（market failure）。公共产品的非排他性决定了提供者难以向消费者收取费用，消费者也不愿为此支付费用。公共产品通常可以免费消费，产生所谓的“搭便车”问题。如果利用市场机制配置公共产品，那么资源配置效率就会极低。公共产品的非竞争性使得多一人消费并不会增加供给成本，也就是说，允许更多的人消费公共产品的边际成本为零。公共产品的这些特性决定了它对私人部门无法产生激励，也无法由私人部门通过市场提供。如果由私人部门通过市场来提供公共物品，将造成公共物品供给的严重短缺。

公共产品概念最主要的公共政策含义是，市场机制在提供公共产品和服务方面存在明显的“失灵”现象，政府应当在提供这类产品中发挥主要作用，否则就会出现供给不足的问题。解决公共产品提供中政府失灵（passive government failure）的办法就是让政府参与资源配置，对资源配

① 章建刚，陈新亮，张晓明. 公共文化服务体系：新形势下的发展诉求[N]. 学习时报，2007-11-29.

置进行调控。政府通过收支活动及相关政策的制定、调整和实施，对社会现有人力、物力、财力等资源的流向与结构进行适度引导，运用政策信号，使资源在公共部门与私人部门间进行合理配置，保证公共物品的有效供给。政府可以直接提供公共产品，也可以通过税收、补贴，以及其他手段鼓励企业或社会组织进行生产（补贴生产）。例如，政府可以通过财政投资直接增加公共物品的供给量，兴建国防和重大基础设施，等等。

理清政府的角色，主要考虑公平因素和在效率方面可能带来市场失灵的四种因素，即公共产品、外部性、自然垄断和信息不对称。当市场不能在公平和效率方面产生满意的结果时，政府才有合理依据来干预服务的提供。因此，现代社会中政府的作用主要分为两类：一是解决市场失灵问题，如提供纯公共产品、解决外部性效应（尤其是抑制负外部性，如环境）、规范垄断企业（加强规制）、克服信息不对称（加强监管）；二是促进社会公平，如保护弱势群体、消除疾病、提供社会保险等。

2）政府失灵

政府干预有助于解决市场失灵，但是，政府干预手段，如税收、补贴、价格管制等同样会带来公共资源的无效配置，导致公共产品供给的高成本、低效率、不公平和寻租等问题，即政府失灵[①]。政府失灵是一种由政府干预引发的一系列非效率性资源分配的公共状态，其往往会恶化市场失灵的结果。在许多情况下，政府失灵与市场失灵相互发生作用，形成一种被动政府失灵。政府失灵的类型通常与政府的行政制度相关[②]。在私人产品提供中，政府对市场的不当干预导致市场价格扭曲、市场秩序紊乱；在公共产品提供中，资源配置的非公开、非公平和非公正行为，会引发公共产品供给的不均衡，尤其是对于那些在公共资源配置中缺乏表达的弱势群体，可能会出现公共产品供给不足的现象，即所谓的政府“缺位”。

3）社会参与

随着公共选择理论的形成和发展，西方发达国家的治理体制与机制创新得到了进一步发展。诺贝尔经济学奖得主奥斯特罗姆等提出了以多样化的公共产品提供方式取代政府单一的提供方式[③]，并强调了非政府组织（社会力量或第三部门）在公共产品供给中的重要作用，以弥补市场失灵和政

---

① Stiglitz E. Regulation and failure[A]//Moss D，Cisternino J. New perspectives on regulation[C]. Cambridge：The Tobin Project，2009：11-23；McKean N. The unseen hand in government[J]. The American Economic Review，1965，55（3）：496-506.

② Weimer D L，Vining R A. Policy Analysis：Concepts and Practice[M]. London：Routledge，2015.

③ Ostrom E，Parks B，Whitaker P. Patterns of Metropolitan Policing[M]. Cambridge：Ballinger，1978.

府失灵带来的公共服务供给“真空”，尤其是面向特殊群体或者针对特定的公共产品类别（如俱乐部产品）。

4）从统治到治理

治理，英文为 governance，原意为控制、引导和操纵，长期以来与统治一词交叉使用，并且主要用于与国家公共事务相关的管理活动和政治活动①。20 世纪 90 年代以来，在西方社会科学领域，治理被赋予了崭新的含义，并与统治的概念内涵渐行渐远。治理作为公共事务的管理活动，应该对公共利益负责，并需要相应的权威和权力，这是它与统治的相同之处。但它们之间也存在明显的区别。

首先，治理所需要的权威并非一定来自政府，而统治的权威则必定是政府，这是治理与统治间最基本的、最本质的区别。统治的主体一定是公共机构，而治理的主体却是多元的。治理是国家与公民社会的合作、政府与非政府的合作、公共机构与私人机构的合作、强制与自愿的合作。

其次，管理过程中权力运行的方向不一样。统治的权力运行方向总是自上而下的，对公共事务实行单一方向的管理。而治理是一个上下互动的管理过程，它主要通过合作、协商、伙伴关系、确立认同和共同的目标等方式实施对公共事务的管理，其权力方向是多元的、相互的，而不是单一的、自上而下的。

全球治理委员会（The Commission on Global Governance）认为，治理是各种公共的或私人的机构和个人管理其共同事务的各种方式的总和，是调和各种不同的或冲突的利益，并且采取一致行动的持续过程，既包括迫使人们服从的正式制度和规则，又包括各种普遍遵守的非正式制度②。治理有四个特征：第一，治理不是一整套规则，也不是一种活动，而是一个过程；第二，治理过程的基础不是控制，而是协调；第三，治理不仅涉及公共部门，也包括私人部门；第四，治理不是一种正式的制度，而是持续的互动。

因此，一个良性的现代治理体系应当是政府、市场和社会的积极有效互动，政府的作用主要在提供公共产品、营造政策环境、配置公共资源、实施有效监管等方面。

5）现代治理体系下政府的公共服务角色

通常，政府在公共服务提供方面有三种主要工具，即监管、付费和直

① 俞可平. 治理和善治引论[J]. 马克思主义与现实，1999,（5）：37-41.

② Commission on Global Governance. Our Global Neighbourhood：The Report of the Commission on Global Governance[M]. Oxford：Oxford University Press，1995.

接提供，分别适用于不同类型的市场失灵。在公共服务提供中，许多服务可由其他机构或个人提供，政府只需要进行完善的监管即可。一些服务可以通过政府付费，外包给其他性质的机构或个人，而不一定要由公共部门直接提供；另外一些服务可能需要由公共部门提供者提供，但可以向用户收取部分费用等。政府要确保公共服务以一种高质量、高效率、低成本、公平的形式提供，但政府并不一定亲自提供服务。政府可以根据服务提供的质量、效率、经验、成本等，决定是自己直接提供抑或交由私营部门或第三部门来提供，无论政府采用何种工具或方式均不能转移政府的公共服务职责。在公共服务领域引入市场机制，并非是政府公共服务提供责任的市场化，而是公共服务提供机制的市场化。

以公共服务外包为例。公共服务外包实质上是在公共服务领域引入市场机制，这有助于促进良性竞争，提高公共服务的质量，降低公共服务的成本。但必须明确的是，公共服务是政府的职责，政府采用外包方式委托第三方来提供公共服务，只转移了公共服务的任务，并不转移公共服务的责任。公共服务外包后，政府仍然是公共服务的责任主体，对公共服务提供负有终极责任。因此，政府必须认清自己的责任主体地位，并根据提供方式的变化调整自己的角色，从公共服务的直接提供者转变为公共服务的监管者；政府职能部门也要从主要管理下属事业单位向管理社会服务需求转变；在管理方式上，政府也要从以往的行政化方式向经济和法律方式转变；政府与外包企业之间也不是一种行政隶属关系，而是基于外包合同的市场经济关系和法律契约关系。

完善政府监管体系，首先必须明确公共服务的标准和规范，并明确纳入外包合同。在监管体系建设上，要建立集政府例行监督、公众监督和社会监督为一体的多元化监管体系，尤其是要建立公众监督机制，邀请公众参与外包企业的监督。在考核外包企业的绩效时，也可以引入公众评价机制。在公共服务外包中，如果出现服务质量不合格的现象，政府应严格按照合同规定对外包企业进行处罚。对于确实没有能力继续履行公共服务职责的，政府应及时中止合同。

2. 现代公共文化服务体系的核心内涵

近年来，国家在公共文化服务体系建设上有很多新的探索，也提出了构建现代公共文化服务体系的宏伟目标。在推进国家治理体系和治理能力现代化的大背景下，现代公共文化服务体系与传统体系的最大区别在于如下几个方面：

第一，在理念上，现代公共文化体系应崇尚现代文明、弘扬主流价值、引领时代风尚、契合发展阶段、促进文化传承。此外，现代公共文化服务体系应强调多元主体的治理理念，在坚持政府主导的同时，充分尊重群众的主体地位，更多地发挥行业协会、专业人士和社会组织等社会力量的积极作用。

第二，在体制机制上，现代公共文化服务体系应当构建政府与市场、社会与个人之间的良性互动关系，当务之急是政府责任与市场机制的有效衔接问题，通过互相补位实现公共文化服务的有效供给。公共文化服务是政府的责任，政府要确保公共文化服务以一种高质量、高效率、低成本、公平的形式提供，但并不一定亲自提供，政府可以引入市场竞争机制，向市场力量和社会力量购买服务，促进服务水平的提升。值得注意的是，虽然政府可以通过购买或外包的方式提供公共文化服务，但其仍然是公共文化服务的责任主体。

第三，在内容建设上，现代公共文化服务体系应立足于百姓的文化需求。中央反复强调，公共文化服务应以人民群众的需求为出发点和落脚点。但是，当前公共文化服务体系对于满足广大人民群众的文化需求收效甚微。从根本上讲，存在公共文化服务的提供与人民群众的需求脱节的问题，公共文化服务还不能很好地吸引百姓的参与。因此，在内容建设上，现代公共文化服务体系必须坚持以人为本、立足民需，要满足百姓文化需求，甚至引领百姓文化需求。

第四，在服务方式上，现代公共文化服务体系应当更加多元，更加注重市场机制的引入和社会力量的参与。在现代公共文化服务体系中，文化事业单位同文化企业和社会组织一样，在公共服务领域都是平等的主体。一项公共文化服务可以交由事业单位提供，也可以交由企业和社会组织提供，甚至可以交由个人提供，但政府必须对公共文化服务的提供负最终责任。现代公共文化服务体系的核心问题是政府如何管理公共文化服务的供给，这对政府能力提出了挑战。

第五，在管理方式上，现代公共文化服务体系更加强调有效的治理和问责（accountability）机制，其核心是作为公共文化服务体系骨干的事业单位的法人治理结构问题。中国共产党第十八届中央委员会第三次全体会议提出了建立法人治理结构，吸纳有关方面代表、专业人士、各界群众参与管理。针对法人治理结构，谈得比较多的模式是理事会、董事会或者其他委员会。2017 年 9 月，中宣部、文化部等 7 部委联合印发《关于深入推进公共文化机构法人治理结构改革的实施方案》，该方案提出以公共图书馆、博物馆、文化馆、科技馆、美术馆为重点领域，推动公共文化机构建立以理事会为主要形式的法人治理结构。一旦建立文化事业单位法人治理结构，将重新界定政府与事业单位的关系，由行政隶属关系向行政合同契约关系转变；由单一行政化管理方式向行政、经济和法律多方式转变；文化行政管理部门由主要管理下属机构向主要管理社会转变，制定符合社会公共需要而不是下属事业单位需要的“公共政策”。依照决策执行相分离的原则，事业单位作为独立法人单位，与其他专业部门和社会组织共同构成公共服务的生产和供给主体，平等接受政府职能部门的监管。

第六，现代公共文化体系应更有利于文化创新，通过创新来带动公共文化服务内容的创新，增强文化的魅力和吸引力。当前，文化领域的创新主体并非事业单位，市场表现较好的文化产品大多来源于文化企业和文化市场，原因在于当前机制下文化事业单位没有竞争压力，缺乏创新动力，并无积极性去了解百姓的需求。文化创新的核心是，尊重文化企业创新主体的地位和尊重市场对文化创新的检验作用，通过引入市场竞争机制来形成有效的创新动力，调动创新主体的积极性，通过创新主体的创新来带动公共文化服务体系的创新。例如，事业单位通过建立法人治理结构，与其他专业部门和社会组织共同构成公共服务的生产和供给主体，有利于增强其面对市场竞争的能力，从而激发起创新活力。

第七，从手段和方式上讲，现代公共文化服务体系应该更加注重与现代信息技术和传播方式的融合，能够以更便捷、更有效的方式让百姓享受文化服务，提升文化传播的质量和效率。在公共文化服务的提供方式上，应借鉴国际、国内公共服务领域的一些前沿探索和实践创新，尤其要注重引入一些现代化的服务理念、方式和手段，并与公共文化的特殊性相结合，提高公共文化服务的水平。

3. 现代公共文化服务体系中的政府角色

在构建现代公共文化服务体系的进程中，政府管理模式的变革是构建现代公共文化服务体系进程中的最大挑战。现代公共文化服务体系注重发挥市场机制的作用，注重多元参与，对政府的决策模式和管理能力带来了挑战。十八届三中全会《中共中央关于全面深化改革若干重大问题的决定》提出构建现代公共文化服务体系。引入竞争机制，推动公共文化服务社会化发展。鼓励社会力量、社会资本参与公共文化服务体系建设，培育文化非营利组织。《公共文化服务保障法》总则第二条规定，本法所称公共文化服务，是指由政府主导、社会力量参与，以满足公民基本文化需求为主要目的而提供的公共文化设施、文化产品、文化活动以及其他相关服务。“十三五”规划纲要再次强调，构建现代公共文化服务体系，要“鼓励社会力量参与公共文化服务”。中央的各项决定都对公共文化中的社会化问题提出了明确的要求，这也对政府能力提出了新的要求，尤其是政府管理公众需求、创造制度环境、运用市场机制、培育服务主体和监管服务提供等能力。

第一，公众需求识别能力。如果政府不能清晰认识到百姓的文化服务需求，那么政府所提供或采购的服务将无法满足百姓的需要。

第二，合同管理能力。在市场经济条件下，政府如何利用合同或契约方式来有效地管理公共服务的提供，本身也是一个挑战。2012 年末，广州出现的环卫工人罢工事件，关键是政府在合同管理方面出现的问题。当地采用低价中标的合同管理方式，而低价中标方式难以保证环卫工人的待遇和环卫服务的质量，进而影响到环卫服务的延续性和稳定性。

第三，服务监管能力。在当前国情下，如何处理好政府与市场和社会的关系是一大考验。目前，中国的行政文化和关系网络导致政府难以有效评估和监管公共服务的提供过程，并据此来考核和评价服务提供部门，这导致了公共服务的失败。完善政府监管体系，首先必须明确公共服务的标准和规范，建立集政府例行监督、公众监督和社会监督为一体的多元化监管体系，尤其是要建立公众监督机制，邀请公众或服务对象参与公共服务的评价和监督。在考核外包服务企业的绩效时，也可以引入公众评价机制。

第四，现代公共文化服务体系应当是集政府高效管理、市场良性运作、社会积极参与和个人有效赋权为一体的有机整体。其中，政府能力建设是现代公共文化服务体系建设的核心。在政府相关能力尚不具备的情况下，盲目引入市场机制并不一定能够发挥市场、社会和个人的作用，甚至有可能损伤服务效能，最终导致服务失败。

第二章　中国公共文化服务发展述评

第一节　公共文化服务体系建设的主要成绩

近年来，在党中央、国务院的重视下，在各级党委、政府的支持下，公共文化领域多措并举，文化工作呈现出蓬勃发展、整体推进、重点突破的良好势头。公共文化服务体系建设成绩卓著，覆盖城乡的公共文化服务体系初步建立。基层公共文化服务设施大为改善，服务水平不断提高，人民群众的基本文化权益得到了有效保障。具体表现在以下几个方面。

（1）加强统筹整合，促进资源下移，“总分馆制”和“基层综合性文化服务中心”为进一步提升城乡基层公共文化服务能力提供了重要路径。

“总分馆制”的实施意在改善文化馆、图书馆的分布结构，提升文化馆、图书馆的管理与服务品质，提高公共文化服务的实际覆盖率。“总分馆制”的引入，有利于发挥县级图书馆、文化馆总馆对于乡镇、村（社区）基层文化设施的辐射带动作用，提升基层文化机构的服务能力、促进城乡文化服务均等化和一体化。“总分馆制”的推进不仅打破了体制机制的壁垒，实现了统一管理、上下多级联动，更实现了基层农村文化馆、图书馆的资源合理配置和共享，从而，有效地提高了基层农村公共文化服务的供给水平和能力，让广大基层农村群众能够充分享受到更优质、便捷、均等的文化资源和文化服务，切实保障人民群众基本文化权益。

“总分管制”整合资源，为基层文化事业发展拓宽渠道。整合群众文化艺术资源，加强了对县域内的人才队伍、文化活动、器材设备的统筹管理；开展基层文艺工作者的统一培训，为地方文艺队伍搭建台阶、提供促进交流的平台，有利于县域整体文艺水平的提升；整合公共阅读资源，为基层群众提供与总馆水平相当的基本服务，有效解决基层资源匮乏、管理缺失的问题，让基层民众可以共享改革发展的红利。2016 年江苏省南通市海门市图书馆总分馆建设进入良性运行轨道，呈现出服务网络完善、资源共享充分的良好态势。海门市图书馆首期配送 3 000 册图书，并安排专业人员前往分馆调研、进行设备调试、给予相关技术指导，为分馆安装了统一的图书采编管理系统，现场演示了力博图书馆管理系统的操作流程，对图书的分类管理、登记制度、管理人员的工作职责等进行了详细讲解，并就环境布局、氛围营造、制度建设、活动开展等多个方面给出合理建议，希望分馆能够切实发挥为民服务的作用，丰富周边居民的文化生活。除将村（社区）文化活动室纳入“总分馆制”和“基层综合性文化服务中心”建设外，多地也积极探索将农家书屋纳入统筹建设①。江苏、山东东营等多地试点将农家书屋纳入县级图书馆总分馆体系，实现资源共享、通借通还。

“基层综合性文化服务中心”主要设置在乡镇（街道）和村（社区）两级。推进“基层综合性文化服务中心”建设，是解决以上问题的重要抓手，有利于完善基层公共文化设施网络，补齐短板，打通公共文化服务的“最后一公里”；有利于增加基层公共文化产品和服务供给，丰富群众精神文化生活，充分发挥文化凝聚人心、增进认同、化解矛盾、促进和谐的积极作用；有利于统筹利用资源，促进共建共享，提升基层公共文化服务效能。基层综合性文化服务中心建设不是新一轮的设施建设，而是主要采取盘活存量、调整置换、集中利用等方式进行建设，强调以现有设施满足基本公共文化需求。围绕推进“基层综合性文化服务中心”建设，31 个省（自治区、直辖市，不包括港澳台地区）和新疆生产建设兵团均出台了本地的实施意见或实施方案。各省（自治区、直辖市）努力落实“一个文化广场（1 000 平方米）、一个文化活动室（90 平方米）、一个简易戏台、一个宣传栏、一套文化器材、一套广播器材、一套体育设施器材”的“七个一”标准，并形成和推进因地制宜、切实可行的方案。文化旅游部 2017 年自评资料显示，全国共有综合文化站 41 176 个，其中，乡镇（街道）综合性文化中心设置率接近 100%，行政村（社区）综合性文化中心设置率超过 70%。以湖南省炎陵县为代表的很多地方，利用村级综合性文化服务中心平台服务当地旅游和经济发展。炎陵县中村乡龙渣村投入 60 万元建成

① 海门市人民政府．海门市图书馆总分馆体系建设扎实推进[EB/OL]．http://www.haimen.gov.cn/default.php?mod=zhuanti&do=detail&tid=392145，2016-05-05．

了多功能综合性文化服务中心，带动了周边村民 310 人就业，村民年增收 5 000 元以上[①]。

（2）加大投入，补齐短板，贫困地区公共文化服务体系建设实现了新突破。

贫困地区的公共文化服务体系建设坚持“文化扶贫”的工作原则和思路，立足自身文化资源优势，依托重大文化项目和制定专门政策，加大投入力度、实施重点项目等，文化设施不断健全、服务供给逐年增加、服务内容有所创新、文化队伍逐步强化，贫困地区公共文化服务体系建设取得了令人瞩目的成绩。

2013 年 6 月，财政部、文化部印发《中央补助地方美术馆、公共图书馆、文化馆（站）免费开放专项资金管理暂行办法》，提出专项资金由中央财政设立，用于支持文化主管部门归口管理的地市级和县级美术馆、公共图书馆、文化馆以及乡镇综合文化站免费开展基本公共文化服务。中央财政对东、中、西部地区分别按照基本补助标准的 20%、50%和 80%的比例安排补助资金，其余部分由地方财政负责安排。这显示出中央财政对中西部地区文化建设的倾斜。同时，各地方党委政府认真落实中央关于文化改革发展的政策措施。总体上看，目前各地基本实现了“县县都有图书馆、文化馆，乡乡都有综合文化站”的建设目标，初步建立起覆盖范围广、辐射半径大的公共文化服务网络。以山东省为例，2016 年上半年，落实 2016 年省级财政投入彩票公益金 9 350 万元，为 1 870 个省定贫困村综合性文化活动室设备购置每村补助 5 万元，为 7 005 个省定贫困村综合性文化活动室配备拉杆音箱，实现了贫困村便携式移动音响全覆盖。截至 2016 年 6 月底，全省各市共投入财政资金 24 747.93 万元，用于贫困村综合性文化活动室建设，有力确保了建设进度。截至 2016 年 6 月，山东省确定的 7 005 个省定贫困村，已有 4 333 个村建成综合性文化活动室，比 2016 年初新增 1 484 个（年初 4 156 个村没有文化大院或文化活动室），省定贫困村综合性文化活动室的覆盖率达到 61.86%，提前超额完成 60%的年度计划任务。全省建成乡村儒学讲堂近 7 000 个，开展活动 3 万余场次，参与群众 400 万余人次[②]。

多地政府更是积极探索文化扶贫新模式，鼓励贫困地区文化部门结合本地区实际，建设富有地方地域特色的公共文化，为当地经济社会发展注入活

① 石香云，曾伟. 基层综合文化服务中心建设述评：基层群众获利多[N]. 人民日报，2016-11-25.

② 山东省文化厅. 山东省文化厅关于印发《山东省“169”文化精准扶贫行动方案》的通知[EB/OL]. www.sdwht.gov.cn/html/2016/gzdt_0606/33996.html，2016-06-03.

力。湖南省武陵山片区、罗霄山片区等“老、少、边、穷”贫困地区均有较为丰富的历史文化、红色文化、民俗文化等“一地一品”式的特色文化资源，如驰名中外的“神秘大湘西”文化旅游品牌、永顺老司城遗址、凤凰区域性防御体系、侗族村寨（通道、绥宁）、怀化的古城古镇古村、江永女书、江华瑶文化、罗霄山区红色文化等。基于此，湖南省将扶持特色文化产业作为文化扶贫工作的突破口，不仅促进了区域文化事业的繁荣和居民思想素质的提升，而且对整个地区经济社会的全面可持续发展有巨大推动作用①。

（3）不断创新公共文化服务方式，公共文化服务效能持续提升。

多地政府通过召开公共文化服务效能建设现场经验交流会，推广“文化上海云”“百姓文化超市”等典型经验，努力把政府的“独唱”变为政府与社会的“合唱”，把政府的“送菜”与群众的“点菜”结合起来，实现供需精准对接。内蒙古自治区图书馆建立“彩云服务——我阅读、你买单”新型公共图书馆服务方式，把读者阅读置于流程最前端，成功实施公共图书馆服务“阅读—采访—分类—编目—典藏—再出借”的“流程再造”②。浙江、广东、天津、吉林等地探索实行基层文化设施合作联办、委托管理，积极发展流动图书馆、博物馆，使群众能够就近、便捷享受公共文化服务③。此外，过去政府“管”“办”兼顾，公共文化服务的主体就是政府，客观上影响了政府职能的发挥及公共文化服务效能的提升。近年来，公共文化的服务主体越来越多元，政府、市场、社会共同发力，公共文化服务效能大幅提升。成都崇州市整合基层公共文化资源，创新基层文化阵地管理和服务模式，将文化站升级为多功能的文化院坝，推出“政府主导、社会协同、民众参与”的“文化管家”托管模式④。

数字公共文化服务平台建设也极大地提升了公共文化服务效能。依托数字公共文化服务平台，我国不断加强对各级各类公共文化服务资源的统筹，着力消除信息“孤岛”，减少资源浪费，为群众提供全方位的公共文化信息服务。一些地区已在应用数字网络技术“打通最后一公里”方面进行了成功探索，灵活采用“数字文化一体机”、小型无线发射装置、远程实时辅导系统、专用视听设备等技术手段和装备，实现大量、快捷、精准、低成本传送公共文化产品和服务，能有效提高“老、少、边、穷”地区公共

---

① 邓子纲. 文化扶贫是精准扶贫的必要路径[N]. 湖南日报，2016-09-01.

② 内蒙古自治区文化厅. 彩云服务——我阅读、你买单，我的图书馆、我做主[EB/OL]. http://www.nmgwh.gov.cn/ggfw/gg/201605/t20160526_144429.html，2016-05-26.

③ 王学思. 图书要“藏”更要“读”[N]. 中国文化报，2016-07-23.

④ 崇州市文化体育旅游局. 崇州市深化管家例会制度　提升基层文化服务[EB/OL]. http://www.chengduwenhua.gov.cn/htm/detail_230230.html，2017-10-19.

文化服务均等化发展水平。例如，内蒙古包头市用小型无线发射装置解决草原牧民就近便利获取文化资源的问题[①]。此外，一些地区应用数字网络技术创新公共文化服务方式，提高公共文化服务效能。浙江嘉兴市“文化有约”和上海嘉定区“公共文化服务云”，依托数字网络技术整合各类公共文化资源，统一公共文化服务平台，实现“一站式”服务。2017 年 11 月，“国家公共文化云”正式开通，国家公共文化云以文化共享工程现有六级服务网络和国家公共文化数字支撑平台为基础，统筹整合全国文化信息资源共享工程、数字图书馆推广工程、公共电子阅览室建设计划三大惠民工程。体现出数字公共文化建设一盘棋的意识，形成数字公共文化一张网的格局。国家公共文化云平台包括国家公共文化云网站、微信号和移动客户端，突出了手机端服务的功能订制，具有共享直播、资源点播、活动预约、场馆导航、服务点单、特色应用、大数据分析七项核心功能，可以通过电脑、手机 APP、微信、公共文化一体机等终端获取一站式数字公共文化服务[②]。国家公共文化云的开通，对数字文化惠民工程的深化、公共文化服务效能的提升具有重大意义。

（4）积极推进公共文化服务的社会化发展，实现公共文化服务供给主体、供给方式和资金投入的多元化，公共文化服务供给能力和总体水平正在逐步提高。

公共文化服务社会化，即在公共文化服务领域中引入市场竞争机制，正确处理市场、政府与社会的关系，通过简政放权进一步发挥市场在文化资源配置中的决定性作用，充分调动各种市场主体和各种社会力量的积极性，实现公共文化服务供给主体、供给方式和资金投入的多元化，形成以“政府主导、社会参与、多元投入、协力发展”为基本特征的现代公共文化服务治理结构，切实提高公共文化服务供给能力和总体水平。在公共文化服务领域引入市场机制所涉及的具体实现形式包括吸引民间资本和社会力量参与公共文化建设、推广和开展政府与社会资本合作（public-private partnership，PPP）、进行公共文化设施社会化运营试点、向文化类社会组织购买服务、实行事业单位法人治理结构等模式。

公共文化采购的行为不断规范化、专业化。“十三五”规划纲要提出创新公共文化服务运行机制要求，推动各级政府购买公共文化服务。鼓励社会组织和企业参与公共文化设施运营和产品服务供给。公共文化服务实施政府采购的主要形式包括购买公共文化服务项目和购买公共文化

① 巫志南. 应用数字技术推进公共文化服务[N]. 经济日报，2015-01-25.

② 罗成. 国家公共文化云正式开通[N]. 光明日报，2017-12-05.

服务人员两种。近年来，政府购买已成为我国各省（自治区、直辖市）提供公共文化服务的常规方式。无锡新区图书馆创新公共图书馆的服务管理模式，将空间规划、技术支持、运行管理委托给台湾的艾迪讯公司①。此外，多地探索通过政府按绩效进行补贴的方式，提高运营效率。例如，委托运营的保利剧院，已在全国形成规模效应，部分剧场根据国家级、省市级演出场次给予运营方相应资金补贴。

PPP 模式在文化领域得到推广。党的十八届三中全会通过的《中共中央关于全面深化改革若干重大问题的决定》明确指出要“引入竞争机制，推动公共文化服务社会化发展。鼓励社会力量、社会资本参与公共文化服务体系建设，培育文化非营利组织”。“十三五”规划纲要提出，推广 PPP 模式，允许社会资本参与图书馆、文化馆、博物馆、剧院等公共文化设施建设和运营。PPP 模式有助于推动政府职能从“国家管理”向“国家治理”转变，具体到文化领域，有助于提升政府文化治理能力，拓宽文化领域的投融资渠道，促进文化部门、文化系统融入经济运行的“主战场”。山东省淄博市淄川区文化中心，以及城区南部工业遗址旅游等大批 PPP 项目正在落地。截至 2017 年 12 月，纳入财政部全国 PPP 综合信息平台项目管理库的文化类项目达到 396 个，总投资金额为 2 825.44 亿元；文化旅游类项目 229 个，总投资金额为 3 078.15 亿元。在运营环节，政府单一进行行政规划的文化服务设施建设，往往对后期运营效益考虑不足，容易在后期形成负债。一些行政类文化设施建设项目，虽然注重公益性，但使用效率不高，有一些甚至已经闲置。而 PPP 模式引入社会资本，加强市场机制，避免了政府部门文化资金来源单一、使用方式落后、效率不高的问题，可以提高文化产品和服务的有效供给，同时注重社会效益和经济效益共赢。当前，PPP 模式的尝试和探索一直在我国文化领域进行。

公共文化机构法人治理结构改革持续推进，在一些地方取得了可供总结推广的经验。2017 年 9 月，中宣部、文化部等 7 部委联合印发《关于深入推进公共文化机构法人治理结构改革的实施方案》，部署推动在公共图书馆、博物馆、文化馆、科技馆、美术馆等建立以理事会为主要形式的法人治理结构。该方案要求，截至 2020 年底，全国市（地）级以上规模较大、面向社会提供公益服务的公共图书馆、博物馆、文化馆、科技馆、美术馆等公共文化机构，基本建立以理事会为主要形式的法人治理结构，决策、执行和监督机制进一步健全，相关方权责更加明晰，运转更加顺畅，活力不断增强，人民群众对公共文化的获得感明显提升。法人治理结构是由利

① 鲁元珍. PPP 模式为文化产业带来什么[N]. 光明日报，2016-08-25.

益相关方共同参与治理的组织架构和运行机制。公共文化机构建立法人治理结构，目的是实现政府职能转变、政事分开；强化公共文化机构的法人自主权，激发发展活力；引入社会力量参与管理和运行，形成多元共治格局。其根本目的是促进公共文化机构管理水平和服务质量与效能的提高，从而更好地履行公益性文化服务机构的社会职责。在推进事业单位法人治理结构改革的背景下，各地公共文化机构纷纷探索建立公共文化机构法人治理结构的模式和路径。浙江图书馆在实施法人治理结构改革后，形成与社会需求相对接的决策机制，提升了图书馆的服务效益和效能[①]。

第二节　公共文化服务体系建设面临的突出问题

我国公共文化服务体系建设已取得显著成绩，但同时必须看到，目前我国公共文化服务的便利性、均等性均未完全实现，服务体系建设中仍然存在投入不足、发展不平衡、效能不高等问题，这些问题亟待从体制机制上理顺。

（1）基层公共文化投入严重不足，各级财政对公共文化的支出责任有待明确。近年来，尽管文化事业费总体投入稳步增长，但未见平稳增速，如图 2-1 所示。相较其他行业，文化投入占国家财政支出比例仍然偏低，增速最慢，如图 2-2 所示。2016 年，全国文化事业费为 770.69 亿元，占国家财政总支出的比重仅为 0.41%，还不能满足构建现代公共文化服务体系的需求[②]。从国际比较数据来看，美国平均 1.6 万人拥有一个公共图书馆，英国平均 1.2 万人拥有一个公共图书馆，日本平均 4 万人拥有一个公共图书馆，而我国县以上公共图书馆数量在 2017 年达到 3 162 个，平均 43.7 万人拥有一个公共图书馆[③]。公共图书馆服务效能的各项指标亦显著低于世界主要国家水平。

---

① 韩业庭. 让理事会成为“当家人”[N]. 光明日报，2017-09-19.

② 李国新. 对我国现代公共文化服务体系建设的思考[R]. 十二届全国人大常委会专题讲座第二十一讲，2016.

③ 由各国公开数据测算得出。

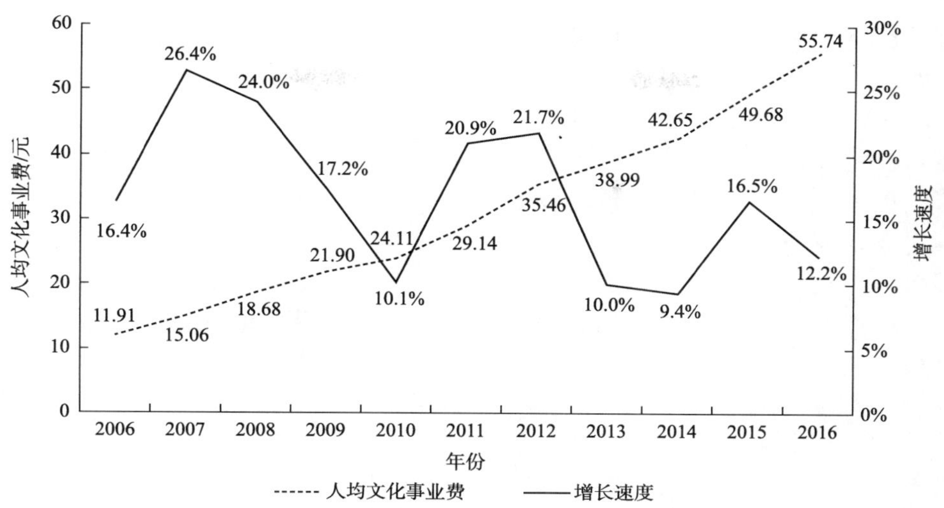

图 2-1 全国人均文化事业费及增速情况

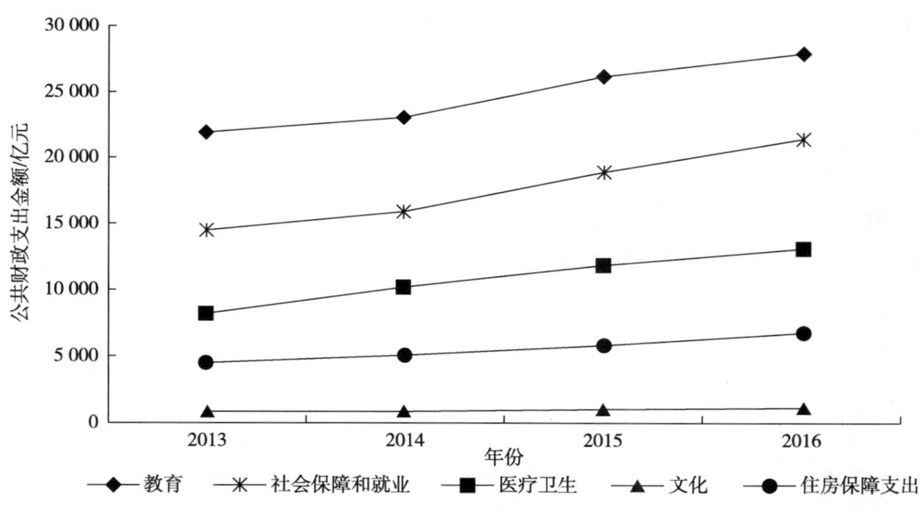

图 2-2 全国公共财政用于主要公共项目的支出

（2）中央和省级财政的转移支付制度力度仍难以补齐我国城乡间、地区间文化事业发展水平的巨大差距①。政府在公共文化产品和服务的投放上，几十年来一直沿袭着重城市、轻乡村的一揽子政策，绝大部分文化资

① 张兴华. 中央财政不断完善民族地区转移支付制度加大力度支持民族地区加快发展[EB/OL]. 财政部网站，2017-12-26.

源，如图书馆、博物馆、青少年宫、公园，以及文化人才等集中于县级以上的城市。公共文化服务发展不平衡的问题仍然突出，优质资源过多地集中在东部地区、城市和少数机构，城乡、区域和群体差距仍然较大。中西部和农村地区的公共文化服务还存在着以下问题：建设滞后、数量不足、形式单一、产品提供方式较为陈旧、手段创新不够、服务活动内容乏味、形式老套等。2016 年，全国人均公共图书馆藏量为 0.65 册，最多的地区为上海，人均达到 3.17 册；最低的地区为河南，人均仅为 0.28 册①。

虽然对欠发达地区、民族地区、边疆地区、革命老区的转移支付力度有很大加强，但公共财政在“兜底线、补短板”中的作用仍需提升。而在县以下（含）地区，县级图书馆、博物馆、文化馆和乡镇文化站的运营维护费占去了剩余文化事业费用的绝大部分。在广袤的农村地区，真正用于改善农村社区基础文化设施和文化人才队伍建设的政府投入极度匮乏。有些地区图书馆购书经费、文化共享工程运行费、文化馆和艺术馆的业务活动费、乡镇综合文化站和村文化大院的日常运行经费没有列入经费预算，得不到切实保障。虽然中央财政已经安排乡镇文化站和城市社区文化中心（文化活动室）设备购置专项资金，对基层文化设施设备购置进行补助。但从整体上，中央、省级、地市级、县市级、乡镇五级财政对公共文化服务体系建设的支出责任有待进一步的科学制定和细化。以四川省为例，截至 2017 年 7 月，四川部分市级图书馆建筑面积远未达到国家规定的西部地区二级馆 8 000 平方米的标准，乐山、内江、宜宾仍有 4 个市辖区没有图书馆，藏区 34 个公共图书馆平均实际使用面积仅有 650 平方米，远低于全省平均水平 2 944 平方米。购书经费方面，全国公共图书馆人均购书经费为 1.434 元，而四川省仅为 0.599 元，在西部排名也靠后。全省区（县）图书馆年购书经费在 2 万元以下的有 58 个，甚至有 27 个县级图书馆购书经费为 0 元，图书更新远不能满足读者的阅读需求②。

（3）公共文化设施的利用率和效能不够高，且仍未真正融入群众生活。公共文化服务发展不平衡的问题仍然突出，优质资源大多集中在东部地区、城市和少数机构，城乡、区域和群体差距仍然较大。中西部和农村地区的公共文化服务还存在着建设滞后、数量不足、形式单一、产品提供方式较为陈旧、手段创新不够、服务活动内容乏味、形式老套等问题③。有些地方虽然兴建了新设施，但群众知晓率不高，或由于没有形成以需求和效能

① 中华人民共和国国家统计局. 中国统计年鉴 2017[M]. 北京：中国统计出版社，2018.

② 李向志. 四川省人大常委会执法检查组关于检查公共图书馆条例实施情况的报告[C]. 四川省十二届人大常委会第三十五次会议，2017.

③ 郑少娟. 公共文化服务体系建设存在的问题及对策[J]. 文艺生活·下旬刊，2017,（2）：240-241.

为导向的公共文化服务模式，也还没有建立起完善的群众需求调查评估和反馈机制，在公共文化设施布局的合理性、参与活动的便利性、内部设备的配置率等方面仍存在不足；公共文化设施对群众的吸引力不够，参与群众较少，新建设施的利用率不高，存在严重的“供需错配”问题[①]。整体上看，要么文化服务供给匮乏，使农村文化市场长期被“大棚里的低俗演出”占领；要么文化服务内容和形式陈旧单一、供给粗放，有些地方长期以来就是那几个节目、几台戏曲，农民群众早已看够、听腻；要么存在严重“供需错配”问题，如一些地方的“农家书屋”，配置的多是与农民生产生活相去甚远的书籍，由于不能适应农民的需求，建成后只能大门落锁、书籍蒙尘。

一方面，我国公益性文化单位运行经费投入不足，没有形成以群众需求为导向的公共文化服务模式，导致供给与需求脱节、效能不高；另一方面，社会力量参与文化建设和营运仍零星分散，没有形成规模，政府、市场、社会之间的良性互动机制也没有形成。社会参与严重不足，尚未形成文化共建的良好氛围。公共文化服务运行相对封闭，文化企业和社会力量参与不足，导致活力不足。

（4）基层文化队伍难以适应新时期文化工作需要。当前，基层文化工作人员中存在年龄偏大、观念相对落后、知识结构陈旧等问题。2017 年，公共文化司举办各类培训班及公共文化巡讲，共计培训基层文化队伍约 59.5 万人次[②]。但短期内仍难以改变基层公共文化专业人员不专、业务门类不全、后续人才接济不上的问题，特别是文化骨干人才、拔尖人才更是匮乏。乡镇文化专干还存在不专职、不专业、不专心等现象。乡镇文化干部编制管理和聘用机制尚不完善，新聘人员编制难以落实。目前，“阳光工程”已为中西部贫困村招募 671 名文化志愿者和 800 名乡村学校少年宫志愿者[③]，但整体上看，目前文化人才赴贫困地区进行短期服务，但整体上发挥的作用不大、影响力不强。

以湖北省十堰市郧阳区为例，好多年人员只出不进，人员老化越来越严重，乡镇文化站人员更是严重不足。表面上看，郧阳区 20 个乡镇每个乡镇都配备了一名文化助理员，但是部分乡镇文化助理员有名无实，他们往往身兼多职，只能服务于乡镇的中心工作，而无力搞好自己的专业；347 个乡村每个村都成立了农家书屋，却没有专门的农家书屋管理人员或没有

① 蔡晓辉. 补齐公共文化服务不均衡的“短板”[N]. 河北日报数字报，2016-12-27.

② 于苏燕. 从“一枝独秀”到“百花齐放”[N]. 中国文化报，2018-03-07.

③ 文化部公共文化司自评报告数据。

建立完善的书屋管理制度，这些农家书屋一般由村干部代替管理，这就造成了部分乡村的农家书屋成了摆设，失去了农家书屋的作用，这与乡村日益增长的文化需求极不适应。目前各乡镇文化站长整体文化素质不高，文化站长第一学历为大专以上的几乎没有。郧阳区 20 个乡镇的文化助理基本上都是由各个乡镇 20 世纪 80 年代原文化站直接转移过来的，文化水平整体不高，几乎都只有初中文化，高中文化以上的不多。这部分人员思想相对僵化，文化水平不高，工作热情不够，创作激情没有，专业知识不足，难以胜任当前的公共文化服务的工作①。

① 李晓华. 浅谈基层公共文化服务队伍建设[J]. 教育，2016,（11）：24.

第三章　公共文化服务效能评估的理论框架

第一节　公共服务绩效与效能

一、公共服务绩效

如何衡量各级政府机构的公共服务绩效（public service performance）并分析影响公共服务绩效的因素，是近年来国内外学术界讨论的一个热点问题[①]。

值得注意的是，与公共服务绩效相关的还有很多庞杂的概念。绩效一词虽然在汉语语境中古已有之，但是主要指对于官员的绩效考核，现代意义上的政府绩效（government performance）则是源于欧美国家的研究[②]。绩效是

---

① 陈昌盛，蔡跃洲．中国政府公共服务：体制变迁与地区综合评估[M]．北京：中国社会科学出版社，2007；Boyne G A. Sources of public service improvement：a critical review and research agenda[J]. Journal of Public Administration Research and Theory，2003，13（3）：367-394；续竞秦，杨永恒．地方政府基本公共服务供给效率及其影响因素实证分析——基于修正的 DEA 两步法[J]．财贸研究，2011，（6）：89-96；Walker R M，Andrews R. Local government management and performance：a review of evidence[J]. Journal of Public Administration Research and Theory，2015，25（1）：101-133.

② 吴建南，阎波．政府绩效：理论诠释、实践分析与行动策略[J]．西安交通大学学报（社会科学版），2004，（3）：31-40；吴建南，杨宇谦，阎波．政府绩效评价：指标设计与模式构建[J]．西安交通大学学报（社会科学版），2007，（5）：79-85.

一个伞形概念（umbrella term/conceptual umbrella），涵盖了所有涉及组织的成就的概念[①]。一般认为，绩效是一个与生产力、效率、产出（output）、质量等相关的概念[②]。

在绝大多数语境中，公共服务绩效与政府绩效可以视作同义词。吴建南将政府绩效定义为在特定情境下，政府组织在实现其组织目标过程中的相对表现水平。相比于政府绩效这一概念，公共服务绩效更加强调对政府提供（直接生产或外包提供）的公共服务的相对表现水平的评价。

但是，在关于政府绩效和公共服务绩效的理论和实践中，对于如何评价绩效仍然存在着很多认识误区，最典型的表现就是在相关术语使用上的混乱[③]。由于对政府的边界和目的认识不同[④]，不同研究者用以评价政府公共服务绩效的指标也各不相同。

一般而言，文献中经常使用的公共服务绩效指标包括了投入、产出、效率、结果和效益（outcome and effectiveness）、成本效益（cost effectiveness）、公众满意度等多个维度[⑤]。在这些指标中，投入、产出和结果反映的是政府公共服务生产流程中的各个环节要素，而效率性和效益性则是代表了公共服务的不同价值取向。在西方政府部门的新公共管理运动中，服务的结果成为实践界和学界关注的重点，“为结果而管理”（managing for results/managing for outcomes）成为绩效管理改革的重要标志[⑥]。此外，对于上述指标的具体内涵，在不同语境下也往往存在不同的理解。例如，莱恩就指出，在经济学与组织理论中，效率具有不同的含义[⑦]。在经济学中，效率

① Tangen S. Demystifying productivity and performance[J]. International Journal of Productivity and Performance Management，2005，54（1）：34-46.

② 中国行政管理学会联合课题组. 关于政府机关工作效率标准的研究报告[J]. 中国行政管理，2003，（3）：8-16；中国行政管理学会课题组. 政府部门绩效评估研究报告[J]. 中国行政管理，2006，（5）：11-16.

③ 吴建南，阎波. 政府绩效：理论诠释、实践分析与行动策略[J]. 西安交通大学学报（社会科学版），2004，（3）：31-40.

④ van de Walle S. International comparisons of public sector performance：how to move ahead? [J]. Public Management Review，2009，11（1）：39-56.

⑤ Poister H. Measuring Performance in Public and Nonprofit Organizations[M]. San Francisco：Jossey-Bass，2008.

⑥ Moynihan D P. Managing for results in state government：evaluating a decade of reform[J]. Public Administration Review，2006，66（1）：77-89；Heinrich C J. Outcomes-based performance management in the public sector：implications for government accountability and effectiveness[J]. Public Administration Review，2002，62（6）：712-725；Walker R M，Brewer G A，Boyne G A，et al. Market orientation and public service performance：new public management gone mad? [J]. Public Administration Review，2011，71（5）：707-717.

⑦ Lane J. New Public Management[M]. New York：Taylor & Francis，2002.

可以区分为技术效率和配置效率；在组织理论中，效率则又被区分为内部效率（internal efficiency）和外部效率（external efficiency）。

二、从绩效到效能

效能一词经常出现在中国行政管理的实务界，常见的表述有政府效能、行政效能及服务效能等，在公共文化服务中也有提及，如《坚定不移走中国特色社会主义道路　夺取中国特色社会主义新胜利》中提出要“加强重大公共文化工程和文化项目建设，完善文化服务体系”；在《文化部“十二五”时期公共文化服务体系建设实施纲要》中，对公共文化服务体系发展目标的表述为“到 2015 年……服务运行机制进一步健全，服务效能明显提高”。

相比于绩效，效能是一个更为中国化或本土化的概念，从字面上理解包括两层含义：一是“效”，即效率、效果、效益的统称；二是“能”，即能力①。有学者指出，一方面，政府效能体现为政府机关实现行政目标，完成各项工作任务的能力，这些能力主要包括制定和执行公共政策的能力、整合行政资源的能力、维护社会秩序及社会公正的能力、自我更新与自我发展的能力等；另一方面，政府效能还体现为政府机关运用其能力、能量，履行其职责，以最终实现行政目标所达成的效率、效果和效益，主要表现为政府管理的经济效益与社会效益、投入产出比率等②。

郭泽保认为，政府效能或行政效能，是指国家行政机关和行政人员为实现行政目标，在行政管理活动中所发挥功能的程度及其产生效率、效益、效果的综合体现③。卓越认为，行政效能是行政组织及其人员按照科学化、法制化的规范要求，通过积极、忠实地履行工作职责而体现出来的一种行为效应。行政效能以实现最佳的行政效益为追求目标，以社会、公民作为最终的评判主体④。

---

① 吴建南，马亮，杨宇谦. 比较视角下的效能建设：绩效改进、创新与服务型政府[J].中国行政管理，2011，(3)：35-40.

② 陈俊星. 正确认识和处理政府职能转变与政府效能建设的关系[J]. 福建行政学院学报，2001，(4)：14-17.

③ 郭泽保. 政府效能建设若干问题探析[J]. 福建行政学院学报，2001，(4)：6-9.

④ 卓越. 论行政效能建设[J]. 福建行政学院学报，2002，(3)：18-22.

2003 年，《求是》刊登中共通州市纪委的文章，提出“所谓行政效能，是指政府行政体系的管理和向公众提供服务的水平，体现了政府履行职能能力的强弱及由此产生的影响。推进效能建设，就是要增强政府对社会经济活动的协调组织能力，从而树立政府的良好形象和权威，提高政府服务对象的满意度”[①]。马春庆认为，行政效能就是指国家机关及工作人员为实现其管理目标，从事公务活动时，发挥功能的程度及其产生效益、效果的综合体现[②]，强调的是，数量与质量的统一，功效与价值的统一，目的与手段的统一，过程与结果的统一。翟桔红将服务效能定义为服务的“效率和品质”[③]。唐铁汉认为，降低行政成本是深化行政管理体制改革、提高政府效能的重要内容[④]。施雪华和黄建洪认为，行政效能主要涉及政府组织和工作人员的行政效率与行政能力，是公共行政效率与能力的统一[⑤]。

综上所述，公共服务效能是指政府向公众提供公共服务的水平和能力，主要包括两个核心要素：一是“（绩）效”，即效率、效果和效益；二是“能（力）”，即公共决策能力、服务供给能力、资源整合能力、公众需求管理能力、服务监管能力等。相对于传统的绩效，效能是一个更为全面和综合的概念，更加关注能力与绩效之间的匹配度，更加关注服务能力所产生的最终效益，即对公众基本需求的满足程度和基本权益的保障程度。

公共服务效能可以从公共管理理论和实践中常用的 4E 模型，即经济性、效率、效益和公平的视角来界定。4E 模型提倡的是“用尽可能低的成本，做正确的事情，并且高效率完成”“公共服务要均等化提供”的原则。

（1）经济性：做事情要尽可能节约。经济性指标一般涉及成本与投入之间的关系，如是否能以最少的预算修建出安全好用的自行车道。

（2）效率：把事情做好（doing things well）。效率指标一般通过投入和产出之间的比例关系来衡量，如医院的诊病人数、图书馆的借书册数。

（3）效益：做正确的事并且把它做好（doing the right thing well）。效

① 中共通州市纪委. 开展行政效能监察 推进行政效能建设[J]. 求是，2003，（11）：55-56.

② 马春庆. 为何用“行政效能”取代“行政效率”——兼论行政效能建设的内容和意义[J]. 中国行政管理，2003，（4）：28-30.

③ 翟桔红. 推进社会工作职业化，提升政府公共服务效能[J]. 社会主义研究，2007，（6）：103-105.

④ 唐铁汉. 降低行政成本提高政府效能[J]. 国家行政学院学报，2007，（4）：6-9，47.

⑤ 施雪华，黄建洪. 中国公共行政的理论探索与实践发展之关系——从行政效能、行政方法与技术视角所作的一项分析[J]. 中国行政管理，2010，（7）：52-56.

益指标一般涉及产出与结果之间的关系，如是否改善道路条件让用路民众更满意。

（4）公平：做事情要均等和无歧视。公平性指标一般关注是否存在组别差异，如公共场所是否有配套的无障碍设施。

三、公共文化服务效能

当前，公共文化服务效能日益成为公共文化建设的核心和重点。十七届六中全会提出了建设社会主义文化强国的宏伟目标，并提出“制定公共文化服务指标体系和绩效考核办法”，公共文化服务发展水平测评和绩效评估成为当前文化工作的重要内容。中共中央办公厅、国务院办公厅印发《关于加快构建现代公共文化服务体系的意见》，明确将提高公共文化服务效能作为现代公共文化服务体系建设的重要任务；提出以效能为导向，制定政府公共文化服务考核指标，完善公共文化服务评价工作机制；探索建立公共文化服务第三方评价机制，增强公共文化服务评价的客观性和科学性。此外，《文化部“十三五”时期文化发展改革规划》明确提出“建立健全基层公共文化服务监督评价机制，开展常态化的公共文化服务效能评估”，“建立以效能为导向的评价激励机制，研究制定公众参与度和群众满意度指标”。因此，开展公共文化服务效能指标体系和评估办法研究具有现实紧迫性和必要性。

完善公共文化服务体系，提高服务效能，是党的十八大以来对公共文化服务体系建设提出的新要求，也是今后一个时期公共文化服务体系建设的努力方向。在公共文化服务效能建设中，效益是目标，服务能力是手段，而服务体系则是服务能力的载体。因此，提高公共文化服务效能，必须坚持以效益为导向来完善公共文化服务体系、提升公共文化服务能力。从现阶段公共文化发展的实际情况看，提高公共文化服务效能应重点关注“三个维度”，即“能力”“效益”“公平”。第一，应强化经费、设施、人才、资源保障，努力完善公共文化服务体系，形成基本的服务能力，这是提高公共文化服务效能的前提和支撑；第二，应加快建立群众文化需求反馈机制，建立和完善以群众需求满足为导向的考核评价机制等相关制度安排，把服务能力高效转化为服务效益；第三，应兼顾文化公平正义，维护城乡基层、老少边穷地区、边疆民族地区群众和老年、少年儿童、农民工、残疾人等特殊群体的基本文化权益，促进公共文化服务均等化。

第二节　效能视角下的公共文化服务绩效评估

一、公共服务绩效评估的逻辑模型

如上文所述，公共服务效能也是一种公共服务绩效，而政府绩效或公共服务绩效是一系列涵盖了多个维度、代表了多种价值取向的概念和指标的集合。那么，将这些相互依赖又各有侧重的概念和指标整合起来，就是进行效能评估的第一步。事实上，公共服务绩效的评价涉及政治家、纳税人、消费者和员工等多种问责主体或利益相关方，而这些评价的主体对于绩效的评价标准各不相同①，管理者根据不同目的需要不同的绩效测量指标②。有学者将地方政府公共服务绩效评价归纳为两类既有联系又各有侧重的模型，即“经济性-效率-效益”模型（3E 模型）与“投入-产出-结果”模型（IOO 模型），其他各类政府绩效评价模型大多是以这两种模型为基础③，在 3E 模型基础上加入公平维度所构成的 4E 模型④。

IOO 模型把投入、过程、产出和结果联系在一起，从而反映纳税人提供的财政资源如何转化成为政府活动⑤。虽然 IOO 模型与 3E/4E 模型并不

① Boyne G A. Sources of public service improvement：a critical review and research agenda[J]. Journal of Public Administration Research and Theory，2003，13（3）：367-394.

② Behn R D. Why measure performance？Different purposes require different measures[J]. Public Administration Review，2003，63（5）：586-606.

③ Boyne G A. Concepts and indicators of local authority performance：an evaluation of the statutory frameworks in England and Wales[J]. Public Money and Management，2002，22（2）：17-24.

④ Gooden S，Portillo S. Advancing social equity in the minnowbrook tradition[J]. Journal of Public Administration Research and Theory，2010，21（s1）：61-76；Norman-Major K. Balancing the four Es；or can we achieve equity for social equity in public administration?[J]. Journal of Public Affairs Education，2011，17（2）：233-252.

⑤ Hatry H. Performance Measurement：Getting Results[M]. 2nd ed. Washington：Urban Institute Press，2006；Wichowsky A，Moynihan D P. Measuring how administration shapes citizenship：a policy feedback perspective on performance management[J]. Public Administration Review，2008，68（5）：908-920.

能涵盖所有绩效指标①，但是仍然是概括性最高的一种归纳性框架。

事实上，3E/4E 模型和 IOO 模型对绩效指标的分类是重叠的。例如，在 IOO 模型中，投入指标可衡量 3E/4E 模型中的经济性，产出和投入之比可衡量效率，结果指标可衡量 3E 模型中的效益，也包含了影响和公平因素②。将这两个模型进一步整合，就是公共服务绩效的逻辑模型（logic model）。

逻辑模型（或称逻辑框架法）是将多种绩效要素统一在一个绩效生成过程的模型中的模型③。该方法是最早由美国国际开发署于 20 世纪 70 年代开发并使用的用于项目开发、计划和评价的工具④，在随后的时间里也开始被广泛地应用在对于政府绩效和公共服务绩效的评价的实践和研究中⑤。

图 3-1 是一个典型的公共服务绩效评价的逻辑模型。这一模型可以将公共服务组织运作中从资源投入到中间过程，再到最终绩效产生的各个逻辑环节按顺序贯穿起来，并可以将不同价值取向的指标整合到一个框架中。根据逻辑模型，按照“投入—过程—产出—结果—影响”的逻辑顺序，可以将几种常见绩效指标进行归类。

公共服务绩效评价的逻辑模型是评价公共服务效能的有效工具，具体而言，该模型有如下特点。

第一，逻辑模型包含了公共服务绩效生成过程中几个主要环节的绩效指标。在公共服务绩效评价的内容方面，传统的逻辑模型包含了投入、过程、产出、结果和影响等多个维度的指标。其中，投入一般是指财政资金的投入，过程则包含了公共服务组织运作的中间产出⑥，产出是政府/公共服务组织提供的直接产品和服务，结果是居民能享受到的成果和福利，影响是一项服务的长期的社会效益。

---

① Andersen L B，Boesen A，Pedersen L H. Performance in public organizations：clarifying the conceptual space[J]. Public Administration Review，2016，76（6）：852-862.

② Walker R M，Andrews R. Local government management and performance：a review of evidence[J]. Journal of Public Administration Research and Theory，2015，25（1）：101-133.

③ Talbot C. Public performance-towards a new model?[J]. Public Policy and Administration，1999，14（3）：15-34；Poister T H，Aristigueta M P，Hall J L. Measuring Performance in Public and Nonprofit Organizations[M]. San Francisco：Jossey-Bass，2008.

④ 吴建南，杨宇谦，阎波. 政府绩效评价：指标设计与模式构建[J]. 西安交通大学学报（社会科学版），2007，（5）：79-85.

⑤ 例如，英国国家审计署（National Audit Office，NAO）也使用逻辑模型来阐述其核心绩效指标，参见：NAO. Assess value for money[EB/OL]. https://www.nao.org.uk/successful-commissioning/general-principles/value-for-money/assessing-value-for-money/，2017-05-08.

⑥ Afonso A，Fernandes S. Measuring local government spending efficiency：evidence for the Lisbon region[J]. Regional Studies，2006，40（1）：39-53.

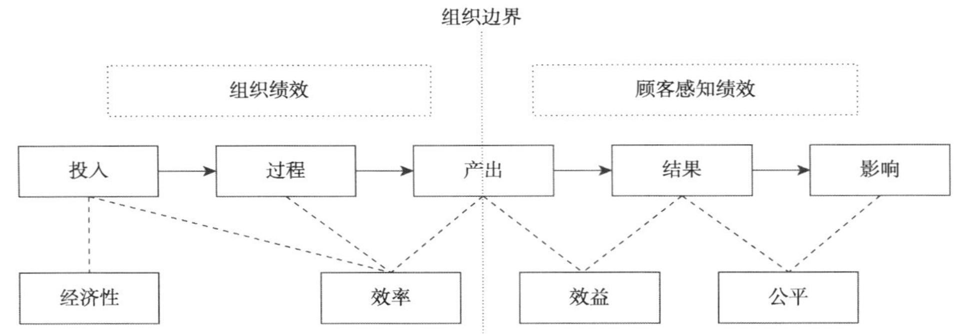

图 3-1　公共服务绩效评价的逻辑模型

资料来源：根据吴建南，杨宇谦，阎波. 政府绩效评价：指标设计与模式构建[J]. 西安交通大学学报（社会科学版），2007，（5）：79-85；Poister T H. Measuring Performance in Public and Nonprofit Organizations[M]. New York：John Wiley & Sons，2008 修改

第二，逻辑模型可以包含多种公共服务绩效评价的价值取向。一种价值取向分类是胡德（Hood）提出的公共管理中的三个核心价值，分别是 Sigma 型价值、Theta 型价值和 Lambda 型价值①。Sigma 型价值关注于降低生产成本，Theta 型价值强调服务的公平性，Lambda 型价值强调服务要可靠稳健。另一种价值取向分类则是在绩效审计中广泛使用的 3E/4E 标准②。在逻辑模型中，投入指标主要反映了 Sigma 型价值和经济性标准，投入转化为中间产出和直接产出的转化率（投入–产出比）反映了 Sigma 型价值和效率标准，产出指标和结果指标反映了 Lambda 型价值和效益标准，服务的最终结果和影响则反映了 Theta 型价值和公平标准。

第三，逻辑模型可以同时纳入客观绩效和主观绩效指标。在公共服务绩效评价的方法上，绩效评价的研究又可以分为传统绩效评价学派（或称客观学派）和新绩效评价学派③，或客观测量模式和主观测量模式④。客观指标一般从审计和复合的角度出发，使用相对成熟的指标，定义清晰、容易量化、可获得性好，但是对公众对于服务的满意度解释力有限；而以“公众中心型”为代表的新绩效学派通过公共服务的满意度评价等方式，能更完整地体现公

① Hood C. A public management for all seasons?[J]. Public Administration，1991，69（1）：3-19.

② Hughes O E. Public Management and Administration：An Introduction[M]. 4th ed. London：Palgrave Macmillan，2012.

③ 杨永恒. 政府绩效评价中的公众参与：述评、实践与启示[J]. 兰州大学学报（社会科学版），2008，36（3）：23-28.

④ 倪星，李佳源. 政府绩效的公众主观评价模式：有效，抑或无效？——关于公众主观评价效度争议的述评[J]. 中国人民大学学报，2010，24（4）：108-116.

共服务绩效的效益。对于客观绩效和主观绩效的划分，最重要的理论意义在于承认客观绩效和主观绩效的评价结果并不总是一致的。事实上，由于绩效评价主体不同，客观绩效指标和主观绩效指标（如满意度指标）的内在的“指标的逻辑”有很大区别。大量实证研究表明，客观绩效（尤其是产出绩效）的提升，并不一定带来居民对于公共服务主观满意度的提高，居民的主观满意度常常受到如个体对于服务质量的感知程度、接受服务的经历[①]，以及居民对于公共服务的期望与实际情况的差距[②]的影响，而且客观绩效与主观满意度的关系还取决于政府透明度等因素的调节作用[③]。

第四，值得注意的是，逻辑模型虽然整合了诸多绩效评价维度，但不可能穷尽所有绩效要素，如透明度（transparency）、回应性（responsiveness）、问责和廉洁等与绩效相关的要素。

国内实证研究在衡量地方政府公共服务绩效时，大多采用反映效益的产出或能力的指标（如卫生机构床位数、师生比、服务人次等）[④]、通过投入和产出计算的效率指标（如技术效率或投入产出比），还有部分研究采用反映效益的结果指标（如居民健康水平的提升和服务的满意度）和成本效益指标（每单位财政投入带来的结果的提升）[⑤]。

二、应用“投入–能力–效果”模型评估公共文化服务效能

（一）“投入–能力–效果”模型概述

总的来说，国内对公共文化服务的综合评估研究刚刚起步。本书基于

---

① 周志忍. 论政府绩效评估中主观客观指标的合理平衡[J]. 行政论坛，2015，22（3）：37-44.

② 冯菲，钟杨. 中国城市公共服务公众满意度的影响因素探析——基于10个城市公众满意度的调查[J]. 上海行政学院学报，2016，17（2）：58-75.

③ 李文彬，何达基. 政府客观绩效、透明度与公民满意度[J]. 公共行政评论，2016，9（2）：93-111，206-207.

④ 其中，产出通常指最终产出指标（如医院服务总人次、社会保险覆盖率等），反映地方政府公共服务生产的最终产出，能力是中间产出指标（如卫生机构床位数、师生比等），反映地方政府服务供给潜力。

⑤ 例如，张宁，胡鞍钢，郑京海. 应用DEA方法评测中国各地区健康生产效率[J]. 经济研究，2006，（7）：92-105；高琳. 分权与民生：财政自主权影响公共服务满意度的经验研究[J]. 经济研究，2012，（7）：86-98；龚璞，杨永恒. 财政分权、政府规模与公共服务成本效益——基于2002-2012年省级面板数据的实证分析[J]. 公共行政评论，2017，（5）：144-170.

“4E 模型”——经济性、效率、效益和公平，和公共服务绩效评估的逻辑框架法，构造了“投入–能力–效果”模型来指导公共文化服务指标体系的设计（图 3-2）。

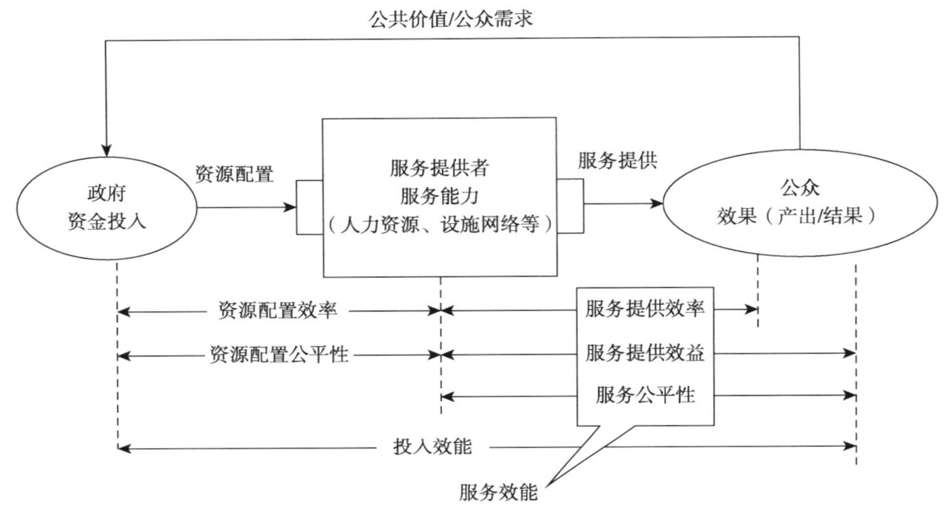

图 3-2　公共文化服务“投入–能力–效果”的逻辑循环

公共文化服务是为了满足公民日益增长的文化基本需求，保障其文化的基本权益和提高社会的精神文明水平，由政府主导并向全社会提供的公共文化设施、场所、服务（产品）和相关制度与系统的总称。政府是公共文化服务的主导者，公共财政是公共文化服务发展的主要支撑，政府的财政支持与其他社会资源结合投入公共文化服务的生产前端，经政府规划引导和社会组织及公众的决策参与，培育政府部门及社会组织提供公共文化服务的能力，影响所供给公共文化的产品和服务，不断创造出满足基本文化权益和文化需求的产品和服务。

同时，人民群众的文化需求也是促进政府履行职责、不断提供和完善公共文化服务的源动力。当已有公共文化产品和服务无法继续满足人民日益增长的文化需求时，通过需求反馈机制输入新的文化需求和资源，再次进入公共文化服务生产链条。随着服务型政府的建设和人民群众日益增长的文化需求，只靠政府有限的财政能力来提供和满足人民的文化需求已经不现实，因此，整合利用社会资源和引导社会力量参与公共文化服务的决策、投入，培育新的公共文化服务能力，共建公共文化服务是政府提高供给能力的一大考量。以此循环往复，形成公共文化服务“投入–能力–效果”

的逻辑循环。

依据上述公共文化服务的“投入–产出”逻辑循环形成了公共文化服务指标体系的基本框架，框架的主体部分来源于公共文化服务需求，同时还受到外部环境和其他因素的影响。主体部分表达了“投入–产出”的基本逻辑，由公共文化服务投入、公共文化服务能力和公共文化服务产出/效果三个阶段组成。该框架表明，公共文化服务的根本目的是满足公共文化需求，为满足公共文化需求需要各方面的投入作为保障，主导公共文化服务的政府投入和参与公共文化服务建设的社会资源成为投入的主体。随后在政府规划和社会公众的参与下完成公共文化服务能力的建设，进而不断生产、创造出公共文化服务和产品供人民群众消费。公共文化服务投入的水平决定提供的公共文化服务能力的高低，能力的高低将直接影响公共文化服务的生产活动，最终由公共文化服务产出决定生产活动的价值。而公共文化服务的整个过程都在不同程度上受到外部环境的影响和制约[①]。

（二）公共文化服务效能的主要维度

1. 公共文化服务的投入

投入是生产过程中所使用的物品或劳务，任何产品和服务的出现都离不开资源的投入，投入同样是公共文化服务生产的基础。传统意义上，投入以人力、物力和财力类别来区分，分别指人力资本、物质资源和资金保障，公共文化服务的投入也可以从人员投入、物质投入和资金投入三个类别进行区分。

有几个问题需要进一步说明。首先，如何看待人员投入的性质。一方面，可以简单地理解人员就是对公共文化服务建设方面的人员投入，包括参与制定文化政策的文化决策机构任职人员和负责文化政策实施的文化机构工作人员；另一方面，从人力资源管理的角度理解人员为人力资本，即通过人力投资形成的资本，表现为劳动者的知识、技能、资历、经验和健康状况[②]。本书认为将公共文化服务人员理解为人员数量投入具有一定的片面性，将其理解成为凝结于公共文化服务人员的技能、学识和能力的人

① 贾旭东. 公共文化服务指数：思路、原理与指标体系[A]//李景源，陈威. 中国公共文化服务发展报告[C]. 北京：社会科学文献出版社，2007：386.

② 彭剑锋. 人力资源管理概论[M]. 上海：复旦大学出版社，2005.

力资本更为合适。因此，不将人员部分纳入投入层面，而将人员部分归类为公共文化服务的能力。

其次，投入的多元化趋势。无论是受到参与式发展理论还是公共治理理论的启发，公共文化服务的投入主体呈现日益多元化的趋势。可以提供公共文化资源的主体包括政府、公益性文化事业机构、国有文化企业、社会力量和基层文化队伍①。虽然目前我国是政府直接参与公共文化资源供给并发挥宏观指导和统筹协调的功能，但完整的公共文化服务指标体系应体现除政府主体外的其他主体在公共文化服务过程中的作用，包括在投入方面所起到的积极意义。

再次，政府投入的财政性。在投入多元化背景下，未来公共文化服务投入的来源渠道多种多样，但目前我国公共文化服务的发展主要依靠政府投入。政府投入包括政府财政支出和统筹引导社会资源等方式，由于社会参与公共文化服务还处于起步阶段，政府财政依然是政府投入的根本支撑，是各级政府用以发展公共文化服务的主要资源。因此，本书将政府投入严格界定为政府财政投入。

最后，投入的测量方式。对于物质投入和资金投入的测量都可以设置具体的量化指标，但指标可以分为绝对量、相对量、总量和人均量等多种形式。绝对量是指投入物品或资金的绝对数额；相对量则表示其投入数额相对于某一因素的比例水平；总量提供了全部投入数量的总体规模；人均量则展示了全部投入资源平均到每个人身上可享受的程度。我国地域面积辽阔、各省级行政区之间、省级行政区内部的经济社会发展水平差距都比较大，既要考虑人均发展水平，又要考虑规模效应，综合采用相对量、人均量和总量指标较为科学。

2. 公共文化服务的能力

公共文化服务的能力，是指用于提供公共文化服务的设施、资源、队伍等的数量和质量。公共文化服务设施为公共文化服务供给提供了空间可能性，具体包括公共图书馆、博物馆、群众文化机构、公益性艺术演出场馆、广播、电视、互联网、行政村和社区文化活动场所等实体设施，以及非物质文化遗产、文化信息资源和数字图书馆等虚拟设施。公共文化服务设施的数量越多，能够提供公共文化服务的场所和平台越多，公共文化服务的总体发展水平越高。但在横向对比时，各地文化设施依据区域内人口

---

① 巫志南. 公共文化资源供给的主体、方式、渠道和机制研究[A]//于群，李国新. 中国公共文化服务发展报告[C]. 北京：社会科学文献出版社，2012：42-46.

分布设置，文化设施数量应随服务人口的增加而增加，因此，在指标体系中采用设施人均拥有量较为科学。

公共文化服务设施的数量为服务空间提供了保障，而公共文化服务设施的质量将直接影响服务开展的成效，拥有足量文化服务设施但设施质量差或设施质量很高但文化设施数量不足，都不利于塑造真正的公共文化服务能力，公共文化服务设施在数量和质量上不可偏废。设施质量可以通过实体设施和虚拟设施的覆盖率、服务半径和达标率体现。设施覆盖率和达标率越高，设施可服务范围越广、质量标准越高；设施服务半径是指居民到达居住区级公共文化服务设施的最大步行距离或最长用时[①]，服务半径不是距离越短越好、时间越少越好，而应根据实际情况形成合理的服务半径，一般城市社区以最大步行距离 800~1 000 米、最长用时不超过 15 分钟为宜。

公共文化服务从业人员情况，是体现公共文化服务能力的关键要素之一。如前文所述，我们将公共文化服务从业人员看作人力资本，在保证从业人员一定数量的情况下，从业人员的人力资本水平越高，对于公共文化服务发展的促进作用越大。当然，在人力资本构成情况相近的情况下，可投入公共文化服务的人员数量越多，对公共文化服务发展的助益也越大。研究表明，用以衡量人力资本构成的要素包括人员平均受教育程度、人员薪酬、职称等级、教育经费等[②]。

公共文化教育培训由各类讲座、培训和训练班共同组成，是由公共文化机构或与外机构联合分别举办的各类讲座、培训和科普、文化、艺术等训练班。目前，公共图书馆、群众文化机构、博物馆等都举办了相关公共文化教育培训活动，这些活动有助于普及文化常识、宣传文化知识、提高公众的艺术素养和文化鉴赏能力，也是培育公共文化服务能力的重要组成部分。

需要说明的是，社会参与在形成公共文化服务能力方面也具有不可忽视的作用。鉴于政府资源能力的有限性，以及对群众文化需求反应的滞后性，非政府机构和公众在提供公共文化服务设施和自组织形成基层文化队伍方面都做了有益的尝试。

3. 公共文化服务的效果

公共文化服务的效果，是指公共文化机构所提供文化产品和服务的数

① 李德华. 城市规划原理[M]. 北京：中国建筑工业出版社，1999.

② 李秀敏. 人力资本、人力资本结构与区域协调发展——来自中国省级区域的证据[J]. 华中师范大学学报（人文社会科学版），2007，46（3）：47-56.

量，以及产生的实际效应，包括服务（最终）产出、服务质量、社会效应和群众满意度等，是公共文化服务的投入和能力共同作用所产出的结果。

公共文化服务的效果一方面体现在服务活动的数量上，另一方面体现在服务活动的质量上。理论上，服务活动的数量和种类越多越好、越丰富越好，多样化的公共文化服务活动才能满足群众不断增长的、多元化的文化需求；服务质量是服务能够满足服务对象需求的程度，服务质量的好坏可以通过服务满意度进行评判，这种测量可通过进行问卷调查的主观问询和群众参与公共文化服务情况的客观统计共同完成。理论上，公共文化服务的效果越好，公众的满意度越高，公众参加公共文化服务活动的愿望就越强烈，公共文化设施的流通人次和参与文化鉴赏的人数就越多。

需要特别指出的是，我国城乡二元经济结构导致的城乡差距使得城市居民和农村居民在公共文化服务享受方面具有较大的差异，城市居民依托资源、地域、设施和人才等方面的聚集优势，享有较之农村居民更为丰富和优质的公共文化服务。基本公共服务要求实现不论贫富、地域、年龄和性别的均等化服务，在衡量公共文化服务效果方面应当关注地方政府在缩小城乡差异方面所做出的探索和努力。

4. 公共文化服务的投入效能与服务效能

上述三个维度的效能指标的优势在于可直接运用官方统计数据，便于操作。然而，单独使用投入指标并不能提供关于公共文化服务质量的信息，效果指标则忽视了政府公共文化服务的经济性。投入效能衡量的是政府将公共财政投入转化为公共文化服务的最终效果的转化率，即投入效能=效果÷投入。这一指标在绩效审计领域中往往称为成本效益或物有所值（value for money），这类指标也是英国国家审计署和世界银行独立评估局（Independent Evaluation Group，IEG）在绩效评估中所使用的重要绩效指标。

与投入效能类似，服务效能也是一个转化率指标，该指标衡量的是政府在多大程度上将已经形成的服务能力（场馆设施、人力资源等）转化为公共文化服务最终效果。对于这两个维度的测算方法将在第四章详述。

第四章　公共文化服务效能指数

第一节　公共文化服务效能指数编制方法

一、国内相关指数回顾

我国政府部门对文化指标的研究始于 20 世纪 80 年代初①，为适应社会经济发展及制定社会发展规划与决策的需要，当时的国家统计局、国家计划委员会等有关职能部门先后组建了社会统计司和社会发展司。国家统计局社会统计司于 1983 年提交了中国第一套《社会统计指标体系（草案）》，文化位列第十大类指标。经 1989 年调整和修订后，文化被单列为第十一大类，涉及 93 个单项指标，如居民文化生活条件、文化活动情况及文化生产成果等。其后，文化指标一直作为大类指标进行统计，涵盖了公共文化、文化产业、文化创意、文化遗产等多项内容。近几年，随着党和政府逐渐提高对公共文化服务的重视程度，公共文化服务指标研究也得到了越来越多的关注。

从中央部委层级来看，中央文明建设指导委员会于 2004 年 9 月颁布了《全国文明城市测评体系（试行）》并结合测评实践不断修正，目前已发布了 2011 年测评体系。该体系以市级行政单位为测评对象，测评指标分为基本指标和特色指标两部分。基本指标包括 126 个二级指标，其中涉及公共

① 朱庆芳，吴寒光. 社会指标体系[M]. 北京：中国社会科学出版社，2001.

文化服务领域的指标包括优秀传统文化教育、文化事业、公共图书馆、群众艺术馆（文化馆）和社区文化活动场所、文化遗产保护和国际互联网用户普及率；特色指标集中考察创建工作集中宣传、工作创新和荣誉称号，未专门涉及公共文化服务领域。

近年来，一些研究已经尝试构建公共文化服务绩效的评估体系。蒋建梅在设计指标评价体系后，采用多目标线性加权函数法将三级指标赋予权数合成二级指数，进而用同样的方法将二级指数合成政府公共文化服务体系绩效综合指数，对政府公共文化服务体系绩效进行评价①。李少惠和余君萍在对农村公共文化服务体系绩效进行评价时，利用复合型政府绩效评估模型及综合评价方法对三级指标、二级指标进行复权加总处理，进而形成总评估指标评价值②。孔进运用聚类分析法找到在公共文化服务供给方面具有相似特征的几类省份，采用因子分析法找到主因子观测值作为评价公共文化服务能力的代表性评价指标③。李少惠和尹丹结合公共文化特点与模糊数学理论建构模糊评估模型，综合对甘肃省兰州市的问卷调查结果，利用总体模糊评价单值化形成兰州市公共文化服务体系建设评价④。焦德武提出设置指数增量对我国政府公共文化服务体系进行绩效考评，即测量一定时期内政府的行为给具体公共文化服务指标带来的变化量之和⑤。

此外，文化行政部门还会对公共文化服务机构进行综合评估并确定相应的等级称号。例如，从 2002 年起，文化部（现为文化和旅游部）每隔 4 年会组织开展针对全国各级文化馆、群艺馆的评估定级。最近一次是 2015 年 5~11 月，文化部进行了第四次全国文化馆评估定级，对所有县级以上文化馆重新评估定级，所有参评的文化馆均按照具体的评估标准打分，最终根据结果被定为一级到三级三个等级称号。2015 年 4 月 10 日，文化部办公厅向各省级文化行政部门下发了《文化部办公厅关于开展第四次全国文化馆评估定级工作的通知》（办公共函〔2015〕125 号），要求各地各级文化行政部门开始评估定级的准备工作。2015 年 5 月，各级文化馆首先开展

① 蒋建梅. 政府公共文化服务体系绩效评价研究[J]. 上海行政学院学报，2008，9（4）：60-65.

② 李少惠，余君萍. 公共治理视野下我国农村公共文化服务绩效评估研究[J]. 图书与情报，2009，（6）：51-54.

③ 孔进. 我国政府公共文化服务提供能力研究[J]. 山东社会科学，2010，（3）：122-128.

④ 李少惠，尹丹. 公共文化建设评估体系的建构及其应用研究[J]. 科学经济社会，2010，28（4）：73-78.

⑤ 焦德武. 公共文化服务体系的绩效评价[J]. 安徽农业大学学报（社会科学版），2011，（1）：47-52.

自评，并将自评数据录入“第四次全国文化馆评估定级系统”。2015 年 6~7 月，省级文化行政部门对辖区地级、县级馆进行评估。2015 年 8~9 月，文化部委托中国文化馆协会对地级、县级馆进行抽查。在此基础上，文化部对评估结果进行审核，于 2016 年 5 月 11 日公示结果，并命名一、二、三级馆。在此次评估定级中，共确定上等级文化馆 2 550 个，其中一级文化馆 1 152 个，二级文化馆 675 个，三级文化馆 723 个。

以市级文化馆为例，2015 年的评估定级涉及五类、68 项具体指标。第一类指标是办馆条件指标，包括设施条件、设备和经费拨款。第二类指标是队伍建设指标，包括业务人员的教育水平、职称情况、业务人员和志愿者占的比例等。第三类指标是公共服务指标，包括免费开放情况、馆办活动、辅导和培训、非物质遗产保护、数字化服务等方面。第四类指标是管理指标，包括党支部建设、馆长基本素质、规章制度建立和执行情况，以及群众对文化馆工作的满意度。第五类指标是提高指标（加分项），包括 2011 年以来受文化部命名和表彰情况、上级党委政府授予的称号、特色品牌活动及吸引社会资金等。

现有研究成果为公共文化服务绩效评估提供了宝贵的经验借鉴和实践基础，但国内公共文化服务绩效评估研究仍呈现出诸多不足之处。

首先，理论研究滞后。当前对公共文化服务发展水平和公共文化服务绩效评估的理论研究较为薄弱，理论研究水平落后于公共文化服务的建设实践。这种滞后性体现在以下方面：对公共文化服务发展水平和公共文化服务绩效评估的相关概念认识不清；对效能认知的理论基础探究不够；对测评体系建构和指标筛选及处理的方法理论把握不准；缺乏理论研究的效能评估如无源之水、无本之木，始终难有科学性和权威性。

其次，过度专注规模效应。其带来的直接后果是用量的增加片面表示质的提升。公共文化服务绩效评估应平衡投入产出比例关系，关心投入忽视产出会导致缺乏效益，关心产出而忽视投入又会导致缺乏效率，文化服务产出不是单纯的服务规模数量的增加，还要具备服务质量的提升，现有绩效评估往往忽略了后者。近年来，公共文化服务绩效测评也产生了过度专注规模效应的趋势，即认为加大文化投入、扩大文化服务规模就是促进公共文化服务绩效，忽视了服务效率效益，忽视了对文化服务消费个体的人均文化享受的关注，忽视了由经济社会发展不平衡带来的差异，也忽视了时间序列下对各类指标变化的观察。

再次，指标体系的科学性有待提高。目前我国公共文化服务领域的指标体系有以下三个突出问题：一是评估体系设计缺乏科学性，以偏概全，重视规模总量、忽视质量效益，强调投入、忽视产出的设计思路较为常见；二是指标内容缺乏合理性，多数指标体系在缺乏理论基础支撑的情况下盲目设置指标，将不属于公共文化服务范畴的指标用来测评公共文化服务发展水平和服务绩效，人为造成测量误差；三是指标处理方法缺乏严谨性，丰富的处理方法为指标处理奠定了坚实的基础，但也容易造成方法上的误用，如采用指标降维方法计算指标权重等。

最后，缺少对效能的综合评估。目前国内对于公共文化服务的评估体系主要还是基于传统的绩效评估框架，没有从效能的视角来理解公共文化服务的投入、能力和效果这一全生命周期，也很少综合考虑公共文化服务的经济性、效率、效益、公平等多种价值导向。

二、指标选择

（一）指标选择原则

1. 公益性文化事业的基本要求

中国共产党第十七届中央委员会第六次全体会议审议通过的《中共中央关于深化文化体制改革推动社会主义文化大发展大繁荣若干重大问题的决定》提出，按照公益性、基本性、均等性、便利性的要求，大力发展公益性文化事业。公共文化服务效能指标体系具体指标的筛选也遵循公益性、基本性、均等性和便利性的原则。

公益性，是指政府提供的公共文化服务应基本上是免费服务或低成本、低收费服务，公共文化服务应体现非营利性和社会效益。

基本性，是指政府提供公共文化服务的范畴为基本文化服务，而非一般文化服务。文化服务可分为满足人民群众基本文化需求、实现公民基本文化权益的公共文化服务，和满足群众多样性、多方面和多层次需求的一般文化服务，公共文化服务应具备基本性要求。

均等性，是指不论群众的身份、年龄、性别、贫富和地域都能够平等地享受文化方面的服务，公民基本文化权利应人人平等。

便利性，是指群众享受公共文化服务不困难，应做到基本公共文化服务网点化，为方便群众就近参加文化活动，在一定范围内须设有公共文化设施。

2. 选择原则

要使指标能够有效而且可信，测评结果能够客观、全面和准确地反映公共文化服务的效能及发展趋势，在指标筛选过程中应该充分考虑以下几个方面的原则：

（1）指标数据的可得性。指标应该具有较好的统计基础，具有充分的数据基础和可靠的质量，可通过可靠的程序对数据进行定期更新。公共文化服务效能评价需要广泛收集参评地区的信息、数据和资料，主要信息和数据必须能从相关部门的公开信息中获取。

（2）指标数据的可比性。一是数据在计量范围和口径等方面要保持一致或可比，指标应该采用一定的标准或者通用的统计口径；二是指标间要保持相对独立，同一层指标间不能交叉重叠。因此，为了避免因统计数据缺失而带来的评价误差，真实、客观反映评价结果，对于那些数据不全或者无法获得的指标应当舍去或用科学方法替代。

（3）指标数据的整体性。各项指标应该具有较清晰的内涵，能尽可能客观、全面、系统和公正地反映关键要素的实际数量和质量。此外，还要求在包括各项指标的解释、计算方法、统计口径和时间方面能够相互联系、衔接，以便有效地评价公共文化服务的整体水平。

（4）指标适用性和针对性。应以不同评价对象的属性为基础来设计和选择评价指标，根据现实情况和实际需求来设计指标，同时应尽量采用量化指标。

（二）指标框架

本书在借鉴现有研究成果的基础上，构造一个基于“投入–能力–效果”逻辑模型的公共文化服务效能指标体系，并在此基础上测算公共文化服务效能指数。公共文化服务效能指标体系包括投入、能力、效果三个维度。投入是生产过程中所使用的物品或劳务，任何产品和服务的出现都离不开资源的投入，是公共文化服务生产的基础；能力指能够提供公共文化服务的条件，包括可用于提供公共文化服务的设施数量和质量、公共文化服务人力资本，以及公共文化教育培训；效果是经公共文化服务投入培育公共文化服务能力，进而创造出有价值公共文化服务和产品的最终结果。公共文化服务效能指标框架，如表 4-1 所示。

表 4-1 公共文化服务效能指标框架

要素	子要素		参评指标	单位
公共文化服务投入	政府投入		人均文化事业费	元
			总文化事业费	万元
			文化事业费占财政支出比重	%
公共文化服务能力	公共图书馆	数量	每百万人拥有公共图书馆数	座
			人均公共图书馆藏书量	册
			每万人拥有公共图书馆建筑面积	平方米
			每万人公共图书馆阅览室座席数	个
			每万人公共图书馆从业人员数	人
		质量	公共图书馆达标率	%
			公共图书馆从业人员中专业技术人才比重	%
	博物馆	数量	每百万人拥有博物馆数	座
			每万人拥有文物藏品数	个
			每万人博物馆从业人员数	人
		质量	博物馆达标率	%
			博物馆从业人员中专业技术人才比重	%
	群众文化机构	数量	每百万人拥有群众文化机构数	座
			每万人拥有群众文化设施建筑面积	平方米
			每万人群众文化机构从业人员数	人
		质量	文化馆（群艺馆）达标率	%
			群众文化机构从业人员中专业技术人才比重	%
	广播电视		有线广播电视传输干线网络总长	万千米
			公共电视节目套数	套
			全年公共电视节目播出时间	小时
			公共广播节目套数	套
			全年公共广播播出时间	小时
公共文化服务效果	公共图书馆		公共图书馆图书周转率	%
			公共图书馆人均借阅量	册
			公共图书馆人均到馆次数（流通人数与人口比）	%
			公共图书馆持证读者比例（持证读者数占总人口比例）	%

续表

要素	子要素	参评指标	单位
公共文化服务效果	博物馆	博物馆流通人数与人口比	%
		每万人享有博物馆基本陈列及举办展览数	场
	群众文化机构	参加群众文化机构组织培训人次数与人口比	%
		参加群众文化机构组织文艺活动人次数与人口比	%
		每万人享有群众文化机构举办讲座、训练班和展览次数	次
		每万人享有群众文化机构组织文艺活动次数	次
	广播电视	有线广播电视用户数占家庭总户数的比重	%
		广播综合人口覆盖率	%
		电视综合人口覆盖率	%

1. 公共文化服务投入

公共文化服务投入要素下选取政府投入作为子要素，具体的参评指标方面本书设定了三个参评指标来反映政府投入情况：一是人均文化事业费，二是总文化事业费，三是文化事业费占财政支出比重。

文化事业费指国家或地方政府用于发展文化事业的经费支出，包括公共图书馆、文化馆和国有博物馆、艺术馆、文艺团体等部门的经费拨款[①]。总文化事业费是总量指标，反映一个地方总的投入规模效应，缺陷是不能消除人口规模等因素的影响，单独使用这一指标不利于省际横向比较。文化事业费占财政支出比重指标可以反映出政府对文化事业发展的优先级选择。人均文化事业费这个指标不仅可以反映国家和地方政府每年对文化事业的投入力度，而且可以很好地弥补之前指标的不足，即可用来比较人口不同的地区，消除人口规模对政府文化事业投入的影响因素。人均文化事业费的高低，也可以反映当地居民对公共文化发展的诉求。

2. 公共文化服务能力

公共文化服务能力是用于提供公共文化服务的设施、资源、队伍等的数量和质量。根据《公共文化服务保障法》的界定，公共文化设施主要包括图书馆、博物馆、文化馆（站）、美术馆、科技馆、纪念馆、体育场馆、

① 需要注意的是，文化事业费虽然不是公共财政投入到公共文化服务上的全部资金，但是该指标是从公开渠道可获得数据的最接近投入内涵的指标。

工人文化宫、青少年宫、妇女儿童活动中心、老年人活动中心、乡镇（街道）和村（社区）基层综合性文化服务中心、农家（职工）书屋、公共阅报栏（屏）、广播电视播出传输覆盖设施、公共数字文化服务点等。

考虑到数据的可获取性，本书选取了公共图书馆、博物馆、群众文化机构（文化馆、文化站）和广播电视机构作为主要的公共文化服务机构，从设施达标率、资源拥有量、从业人员数量和质量等方面选取了统计基础好、具有相应统计数据的指标。

（1）设施和人员数量。设施和人员数量体现了设施量的绝对规模，为消除经济社会发展和所服务人口数量等外部因素的影响，设施数量和人员数量采用人均拥有量来反映设施的建设水平。公共文化服务从业人员由政府主导形成的公共文化服务从业人员和社会自发形成的社会文化志愿者共同组成，前者是从业人员中最重要的组成部分。反映数量的能力指标包括每百万人拥有公共图书馆数、人均公共图书馆藏书量、每百万人拥有博物馆数、每万人拥有文物藏品数、每百万人拥有群众文化机构数（包括文化馆、群艺馆和文化站数）、每万人拥有群众文化设施建筑面积、每万人群众文化机构（图书馆、博物馆、群众文化机构）从业人员数、有线广播电视传输干线网络总长、公共广播/电视节目套数及播出时间。

（2）设施质量和从业队伍质量。设施质量由设施达标率来体现，作为评价公共文化服务能力的达标率指标包括公共图书馆达标率、博物馆达标率和文化馆（群艺馆）达标率。参考《文化部“十二五”时期公共文化服务体系建设实施纲要》的指标标准，以部颁三级以上馆作为达标馆，以部颁三级以上场馆数与总场馆数之比作为场馆达标率。达标率指标与文化部（现为文化和旅游部）对公共图书馆、文化馆（群艺馆）和国家文物局对博物馆的评估定级工作紧密相关[①]。由于三馆评估定级工作的阶段性，在每次定级工作结束之后至新一次定级工作开始之前的达标馆情况都将保持不变。

从业人员质量由人力资源中专业技术人员的比重衡量。专业技术人员指在专业技术岗位上工作的人员，包括正高级职称、副高级职称和中级职称的人员。主要文化机构指公共图书馆、群众文化机构（包括文化馆、群艺馆和文化站）和博物馆。为突出人力资本构成对公共文化服务工作的重

---

① 文化部自 1994 年以来对全国县以上公共图书馆进行了六次评估定级，对符合标准和条件的图书馆命名为一、二、三级图书馆，第六次评估定级工作于 2017 年 4 月开始。文化部对文化馆的评估定级工作始于 2002 年，按照每四年开展一次的工作安排，分别于 2011 年和 2015 年进行了第三次、第四次全国文化馆评估定级工作。博物馆评估定级工作开展较晚，分别于 2008 年、2011 年和 2016 年分别进行了第一批、第二批、第三批博物馆评估定级工作。

要意义，以专业技术人才占人员总数比重作为衡量公共文化服务人力资本的指标。

3. 公共文化服务效果

公共文化服务效果，是指公共文化机构所提供文化产品和服务的数量，以及产生的实际效应，包括服务（最终）产出、服务质量、社会效应和群众满意度等，是公共文化服务的投入和能力共同作用所产出的结果。在公共文化中，主要看公共文化产品对于公民文化需求的满足程度，以及公众对文化活动的参与。

（1）利用效果和参与水平，这类指标反映了公共文化产品和服务被公众实际享用的情况。文化活动具有交互性强的特点，公共文化的繁荣离不开公众参与，也只有公众参与热情高的公共文化才能最终融入群众生活。因此，公共文化服务参与人数占总人口的比例在一定程度上也反映了公共文化服务的效果。这类效果指标包括：一是人均公共文化活动，如每万人享有博物馆基本陈列及举办展览数，每万人群众文化机构组织文艺活动次数，每万人享有群众文化机构举办讲座、训练班和展览次数，等等。二是图书周转率和年人均借阅量，反映公共图书馆流通书库中书目的年均被借阅频次，借阅次数越多反映公共图书馆流通书目的活跃程度越高，公众对公共图书资源的利用率就越高。三是人均到馆率，即到馆总人次除以行政区划内总人口规模，相关指标为公共图书馆流通人数与人口比、博物馆流通人数与人口比、参加群众文化机构组织文艺活动人次数与人口比。此外，公共图书馆持证读者比例也是反映参与的指标，公共图书馆有效持证数表示长期、稳定参与公共图书馆活动的群众规模，这一规模占总人口数比例越大，说明群众参与公共图书馆活动的积极性越高、效果越好。四是设施覆盖水平，广播和电视综合人口覆盖率指广播和电视等基础信息传播设施所惠及的人口，从公共文化服务长期发展来看，广播和电视应实现全覆盖。

（2）公众或群众满意度是反映公共文化服务效果的最终方式。任何公共服务都必须以满足人民群众需求为根本出发点和落脚点，因此公众对公共服务的满意度也是衡量公共服务绩效乃至政府绩效的最终标尺。贝恩（Behn）将服务质量和市民需求的满足作为第一位和最根本的政府绩效评价标准[①]。公众或群众满意度测评的内容应是公众对公共文化服务公益性、均等性、基本性和便利性要求的实践情况的态度，测评的方法可采用问卷

① Behn R D. Why measure performance? Different purposes require different measures[J]. Public Administration Review，2003，63（5）：586-606.

调查和抽样访谈等主观测评方式与投诉情况等客观指标相结合的方式。主观测评方法在公众满意度测评中具有核心地位，但由于其不易量化、成本高昂等特点，诸多指标体系在实际应用中刻意回避了满意度指标。我国尚未建立居民公共服务满意度调查的常态化机制，出于数据可得性和历史可比性考虑，本章的公共文化服务效能指标体系中暂不纳入满意度指标。基于主观满意度的公共文化服务满意度评估结果将在第五章详述。

三、指数测算方法

常用的多指标综合指数评估方法包括综合指数法、层次分析法（analytic hierarchy process，AHP）/网络层次分析法（analytic network process，ANP）、多元统计分析法（如主成分分析法、因子分析法）、数据包络分析法（data envelopment analysis，DEA）、模糊评价法、功效系数法等。其中，综合指数法和功效系数法是最为常用的方法，如联合国的人类发展指数（human development index，HDI）和瑞士洛桑国际管理学院（International Institute for Management Development，IMD）世界竞争力排名均是使用上述方法。在综合指数的测算中，最核心的环节是对于原始指标的无量纲化和权重的确定。

（一）原始指标的无量纲化处理

常用的无量纲化处理方法包括了 Z 标准化（Z-score）、极值正规化（线性功效系数法的一种特殊形式）、线性比例法、归一化处理法、向量规范法和功效系数法等。本书借鉴 IMD 世界竞争力排名的做法，对所有原始指标进行 Z 标准化处理，为了使最终指数结果呈现为百分制，用功效系数法将每个标准化后的指标转换为[1，100]范围内的得分①：

$$Z_i^s = \frac{Z_i - \bar{Z}_i}{\mathrm{std}\left(Z_i\right)} \tag{4-1}$$

$$Z_i^n = \frac{Z_i^s - \min\left(Z_i^s\right)}{\max\left(Z_i^s\right) - \min\left(Z_i^s\right)} \times \omega + \left(100 - \omega\right) \tag{4-2}$$

其中，Z_i 是参评指标；$\bar{Z}_i$ 是各评估对象样本（如 31 个省区市）在参评指标

① 改变 Z 标准化和功效系数处理的顺序，对于最终结果没有影响。

Z_i上的均值；std 是评估对象样本在某参评指标上的标准差；max 是评估对象样本在某参评指标上的最大值；min 是评估对象样本在某参评指标上的最小值；Z_i^s是Z_i标准化后的 Z-score；Z_i^n是Z_i^s转换为[1，100]范围内后的得分；本书中ω的取值是 99[①]。

（二）综合指数合成

公共文化服务效能指数由投入指数、能力指数、效果指数、投入效能指数、服务效能指数构成，指数合成方法如下。

考虑到每个子要素下同类参评指标间的重要性不存在差异，因此，采用平均赋权，在公共文化服务的投入和效果要素下的四类子要素则采取不同权重。由于公共图书馆和群众文化机构在公共文化服务中所占的比重较大，公共图书馆和群众文化机构的一级权重为 1/3，博物馆和广播电视权重为 1/6。每个要素的分项指数计算公式如下：

$$Y_i = \sum_{i,j,k=1}^{n} Z_i^n \times W_i \qquad (4\text{-}3)$$

其中，Y_i是第 i 个要素的指数；W_i是参评指标Z_i对应的二级权重，i=1、2、3，即式（4-3）用以计算投入指数（Y_1）、能力指数（Y_2）、效果指数（Y_3）。在上述三个指数的基础上即可计算投入效能指数（Y_4）和服务效能指数（Y_5）：

投入效能指数（Y_4）=效果指数（Y_3）÷投入指数（Y_1）　（4-4）

服务效能指数（Y_5）=效果指数（Y_3）÷能力指数（Y_2）　（4-5）

为了使计算结果更为直观，可以将分项指数原始值Y_i转换为百分制，通过式（4-6）均可以将Y_i转换为最大值为 100 的非负得分Y_i^n（n=1，2，…，5），这样某个分项指数上表现最好的省份得分即为 100 分。

$$Y_i^n = \frac{Y_i}{\max(Y_i)} \times 100 \qquad (4\text{-}6)$$

合成投入指数、能力指数、效果指数的具体指标和权重结构如下。

1. 投入指数（Y_1）

如表 4-2 所示，投入指数由政府投入单一子要素构成，其中，子要素下的参评指标等权重，故每个参评指标的权重为 1/3。

---

① 作者尝试了其他阈值，对于最终结果影响不大。

表 4-2　投入指数的权重结构

要素	子要素	一级权重	参评指标	二级权重
投入指数（Y_1）	政府投入（X_1）	1	人均文化事业费（Z_1）	1/3
			文化事业费占财政支出比重（Z_2）	1/3
			总文化事业费（Z_3）	1/3

2. 能力指数（Y_2）

如表 4-3 所示，能力指数由公共图书馆、博物馆、群众文化机构和广播电视四个子要素构成，其中，公共图书馆和群众文化机构权重为 1/3，博物馆和广播电视权重为 1/6。

表 4-3　能力指数的权重结构

要素	子要素	一级权重	参评指标		二级权重
能力指数（Y_2）	公共图书馆（X_2）	1/3	数量	每百万人拥有公共图书馆数（Z_4）	1/30
				人均公共图书馆藏书量（Z_5）	1/30
				每万人拥有公共图书馆建筑面积（Z_6）	1/30
				每万人公共图书馆阅览室座席数（Z_7）	1/30
				每万人公共图书馆从业人员数（Z_8）	1/30
			质量	公共图书馆达标率（Z_9）	1/12
				公共图书馆从业人员中专业技术人才比重（Z_{10}）	1/12
	博物馆（X_3）	1/6	数量	每百万人拥有博物馆数（Z_{11}）	1/36
				每万人拥有文物藏品数（Z_{12}）	1/36
				每万人博物馆从业人员数（Z_{13}）	1/36
			质量	博物馆达标率（Z_{14}）	1/24
				博物馆从业人员中专业技术人才比重（Z_{15}）	1/24
	群众文化机构（X_4）	1/3	数量	每百万人拥有群众文化机构数（Z_{16}）	1/18
				每万人拥有群众文化设施建筑面积（Z_{17}）	1/18
				每万人群众文化机构从业人员数（Z_{18}）	1/18
			质量	文化馆（群艺馆）达标率（Z_{19}）	1/12
				群众文化机构从业人员中专业技术人才比重（Z_{20}）	1/12

续表

要素	子要素	一级权重	参评指标	二级权重
能力指数（Y_2）	广播电视（X_5）	1/6	有线广播电视传输干线网络总长（Z_{21}）	1/30
			公共电视节目套数（Z_{22}）	1/30
			全年公共电视节目播出时间（Z_{23}）	1/30
			公共广播节目套数（Z_{24}）	1/30
			全年公共广播播出时间（Z_{25}）	1/30

在公共图书馆、博物馆、群众文化机构三个子要素下，参评指标分为数量指标和质量指标。数量指标和质量指标是等权重的，即某个子要素下数量指标类的参评指标等权重、质量指标类的参评指标等权重。例如，公共图书馆这一子要素下有 7 个参评指标，其中 5 个数量指标之间等权重，2 个质量指标之间等权重，所以每百万人拥有公共图书馆数（Z_4）等 5 个参评指标权重为 1/30，公共图书馆达标率（Z_9）等 2 个参评指标权重为 1/12。

3. 效果指数（Y_3）

如表 4-4 所示，效果指数由公共图书馆、博物馆、群众文化机构和广播电视四个子要素构成，其中，公共图书馆和群众文化机构权重为 1/3，博物馆和广播电视权重为 1/6。每个子要素下的参评指标之间等权重。

表 4-4　效果指数的权重结构

要素	子要素	一级权重	参评指标	二级权重
效果指数（Y_3）	公共图书馆（X_6）	1/3	公共图书馆图书周转率（Z_{26}）	1/12
			公共图书馆人均借阅量（Z_{27}）	1/12
			公共图书馆人均到馆次数（流通人数与人口比）（Z_{28}）	1/12
			公共图书馆持证读者比例（持证读者数占总人口比例）（Z_{29}）	1/12
	博物馆（X_7）	1/6	博物馆流通人数与人口比（Z_{30}）	1/12
			每万人享有博物馆基本陈列及举办展览数（Z_{31}）	1/12
	群众文化机构（X_8）	1/3	参加群众文化机构组织培训人次数与人口比（Z_{32}）	1/12
			参加群众文化机构组织文艺活动人次数与人口比（Z_{33}）	1/12
			每万人享有群众文化机构举办讲座、训练班和展览次数（Z_{34}）	1/12
			每万人享有群众文化机构组织文艺活动次数（Z_{35}）	1/12

续表

要素	子要素	一级权重	参评指标	二级权重
效果指数（Y_3）	广播电视（X_9）	1/6	有线广播电视用户数占家庭总户数的比重（Z_{36}）	1/18
			广播综合人口覆盖率（Z_{37}）	1/18
			电视综合人口覆盖率（Z_{38}）	1/18

第二节　省级公共文化服务效能指数：2010~2016 年

一、历年公共文化服务效能指数结果

基于上述指标编制方法，下面以 31 个省级单位为例，计算 2010~2016 年的省级公共文化服务效能指数（表 4-5~表 4-11）。数据主要来自历年《中国统计年鉴》（2010~2016 年）、《中国文化文物统计年鉴》（2010~2016 年）、《中国广播电视年鉴》（2010~2016 年）及文化和旅游部官方网站。

表 4-5　2010 年省级公共文化服务效能指数

省（自治区、直辖市）	投入指数	能力指数	效果指数	投入效能	服务效能
北京	95.82	72.37	89.64	30.98	100.00
天津	39.99	79.54	60.78	50.33	61.69
河北	9.53	63.85	28.77	100.00	36.38
上海	95.73	98.85	100.00	34.59	81.68
江苏	38.07	92.90	65.31	56.81	56.76
浙江	100.00	100.00	79.89	26.45	64.50
福建	54.30	75.59	54.54	33.26	58.26
山东	31.26	85.20	39.47	41.80	37.40
广东	73.15	69.72	53.76	24.34	62.26
海南	33.21	31.67	33.03	32.93	84.19
东部平均	57.11	76.97	60.52	43.15	64.31

续表

省（自治区、直辖市）	投入指数	能力指数	效果指数	投入效能	服务效能
辽宁	34.38	84.09	59.84	57.63	57.45
吉林	47.87	78.58	35.28	24.40	36.24
黑龙江	22.51	83.28	36.24	53.31	35.13
东北平均	34.92	81.98	43.78	45.11	42.94
山西	30.27	64.71	30.17	33.00	37.64
安徽	16.60	56.36	31.73	63.29	45.45
江西	24.75	67.68	40.92	54.74	48.82
河南	16.39	58.16	31.06	62.75	43.11
湖北	40.31	85.92	51.18	42.03	48.09
湖南	19.93	71.28	34.93	58.02	39.56
中部平均	24.71	67.35	36.66	52.30	43.78
内蒙古	58.22	89.54	29.86	16.98	26.93
广西	28.08	59.71	32.51	38.33	43.97
重庆	37.19	65.32	51.91	46.22	64.15
四川	34.03	71.22	39.92	38.84	45.26
贵州	16.68	47.10	18.50	36.72	31.72
云南	28.41	80.82	44.26	51.58	44.21
西藏	46.80	52.68	5.99	4.24	9.18
陕西	33.42	68.40	41.19	40.81	48.62
甘肃	24.78	65.49	32.79	43.81	40.42
青海	66.06	69.12	25.84	12.95	30.18
宁夏	34.43	84.78	59.34	57.06	56.50
新疆	37.05	82.60	42.88	38.32	41.91
西部平均	37.10	69.73	35.42	35.49	40.25
全国平均	40.94	72.79	44.57	42.15	48.96

表 4-6　2011 年省级公共文化服务效能指数

省（自治区、直辖市）	投入指数	能力指数	效果指数	投入效能	服务效能
北京	79.93	64.19	74.20	28.18	100.00
天津	40.98	73.27	55.56	41.16	65.61
河北	11.43	63.22	26.61	70.70	36.41
上海	100.00	90.13	100.00	30.36	95.99
江苏	44.72	88.28	62.04	42.11	60.80
浙江	93.95	100.00	77.24	24.96	66.82
福建	39.14	70.91	47.84	37.11	58.37
山东	31.60	85.02	39.44	37.89	40.13
广东	70.61	66.97	53.17	22.86	68.69
海南	35.48	30.79	25.73	22.02	72.29
东部平均	54.78	73.28	56.18	35.73	66.51
辽宁	20.54	82.70	51.01	75.41	53.36
吉林	33.82	76.03	33.94	30.47	38.62
黑龙江	19.36	80.18	36.58	57.37	39.47
东北平均	24.57	79.64	40.51	54.42	43.82
山西	39.04	61.54	29.18	22.69	41.02
安徽	13.94	53.88	37.05	80.70	59.50
江西	10.46	63.90	34.45	100.00	46.65
河南	17.68	54.51	32.79	56.30	52.04
湖北	22.48	81.92	38.72	52.29	40.89
湖南	14.74	65.33	33.11	68.21	43.85
中部平均	19.72	63.51	34.22	63.36	47.32
内蒙古	46.94	88.02	29.70	19.21	29.19
广西	18.01	55.96	32.06	54.04	49.57
重庆	28.28	57.92	51.66	55.46	77.17
四川	46.05	66.05	38.73	25.53	50.73
贵州	18.68	54.75	18.73	30.43	29.59
云南	34.04	76.05	38.31	34.16	43.58
西藏	23.97	56.50	6.30	7.97	9.64

续表

省（自治区、直辖市）	投入指数	能力指数	效果指数	投入效能	服务效能
陕西	35.44	65.85	39.37	33.72	51.72
甘肃	36.04	63.56	35.49	29.90	48.31
青海	32.42	63.80	29.60	27.72	40.14
宁夏	42.75	84.40	46.76	33.20	47.93
新疆	33.42	80.59	47.86	43.48	51.38
西部平均	33.00	67.79	34.55	32.90	44.08
全国平均	36.64	69.88	42.04	41.79	51.92

表 4-7 2012 年省级公共文化服务效能指数

省（自治区、直辖市）	投入指数	能力指数	效果指数	投入效能	服务效能
北京	85.12	74.89	68.26	20.56	91.14
天津	31.64	72.01	49.05	39.74	68.11
河北	14.51	60.59	23.59	41.68	38.94
上海	100.00	100.00	100.00	25.63	100.00
江苏	52.34	90.43	61.20	29.97	67.67
浙江	97.59	98.27	76.70	20.15	78.05
福建	36.21	73.42	43.35	30.69	59.04
山东	31.48	84.26	37.78	30.77	44.84
广东	67.99	72.90	47.56	17.93	65.25
海南	48.93	41.61	28.73	15.05	69.05
东部平均	56.58	76.84	53.62	27.22	68.21
辽宁	27.48	77.07	46.21	43.10	59.96
吉林	25.82	74.55	33.31	33.06	44.68
黑龙江	16.07	73.61	36.28	57.88	49.28
东北平均	23.12	75.08	38.60	44.68	51.31
山西	36.97	62.27	25.91	17.96	41.60
安徽	8.32	62.85	32.47	100.00	51.67
江西	10.05	68.83	32.20	82.08	46.78
河南	19.89	51.10	30.82	39.71	60.32

续表

省（自治区、直辖市）	投入指数	能力指数	效果指数	投入效能	服务效能
湖北	26.09	79.69	39.57	38.87	49.65
湖南	19.08	63.46	28.72	38.58	45.26
中部平均	20.07	64.70	31.62	52.87	49.21
内蒙古	50.76	91.00	29.76	15.03	32.71
广西	25.32	60.63	30.74	31.13	50.70
重庆	32.46	63.12	44.56	35.19	70.60
四川	53.52	73.66	37.48	17.95	50.87
贵州	21.57	59.40	13.08	15.55	22.03
云南	26.75	88.41	32.90	31.52	37.21
西藏	33.48	48.10	12.78	9.78	26.56
陕西	39.91	70.92	38.88	24.98	54.83
甘肃	29.55	66.32	39.06	33.89	58.91
青海	45.80	61.36	27.73	15.52	45.20
宁夏	42.15	93.83	39.74	24.17	42.35
新疆	42.49	89.58	44.36	26.76	49.52
西部平均	36.98	72.19	32.59	23.46	45.12
全国平均	38.69	72.52	39.77	32.42	53.96

表 4-8　2013 年省级公共文化服务效能指数

省（自治区、直辖市）	投入指数	能力指数	效果指数	投入效能	服务效能
北京	87.58	77.77	60.77	19.56	78.13
天津	35.80	75.90	37.80	29.76	49.81
河北	13.66	58.92	21.83	45.04	37.06
上海	100.00	100.00	100.00	28.19	100.00
江苏	64.32	90.02	52.04	22.80	57.81
浙江	94.00	95.51	65.35	19.60	68.43
福建	37.98	72.38	37.40	27.76	51.67
山东	35.42	86.73	31.46	25.03	36.28
广东	69.25	73.08	41.22	16.78	56.41

续表

省（自治区、直辖市）	投入指数	能力指数	效果指数	投入效能	服务效能
海南	53.40	38.71	20.15	10.64	52.05
东部平均	59.14	76.90	46.80	24.51	58.77
辽宁	18.71	72.60	35.89	54.06	49.43
吉林	30.51	79.60	26.06	24.08	32.74
黑龙江	13.35	75.95	29.48	62.26	38.82
东北平均	20.85	76.05	30.48	46.80	40.33
山西	37.74	67.29	20.51	15.32	30.48
安徽	9.92	64.48	29.58	84.06	45.87
江西	8.24	72.09	29.23	100.00	40.55
河南	17.06	55.62	26.41	43.64	47.48
湖北	24.74	80.47	31.26	35.61	38.85
湖南	18.65	66.35	21.92	33.13	33.03
中部平均	19.39	67.72	26.48	51.96	39.38
内蒙古	52.91	96.38	27.04	14.40	28.05
广西	27.73	63.22	23.93	24.32	37.85
重庆	30.79	65.70	39.37	36.05	59.93
四川	55.82	73.68	30.12	15.21	40.88
贵州	16.00	64.19	10.52	18.54	16.39
云南	25.22	91.14	25.30	28.27	27.76
西藏	38.76	55.14	10.80	7.85	19.58
陕西	51.66	70.19	36.53	19.93	52.04
甘肃	29.88	63.80	34.29	32.35	53.76
青海	42.26	60.73	24.11	16.08	39.71
宁夏	29.65	96.30	41.06	39.04	42.64
新疆	44.48	86.92	34.06	21.58	39.18
西部平均	37.10	73.95	28.09	22.80	38.15
全国平均	39.21	73.90	34.05	31.32	45.25

表 4-9 2014 年省级公共文化服务效能指数

省（自治区、直辖市）	投入指数	能力指数	效果指数	投入效能	服务效能
北京	75.57	69.27	48.43	10.09	51.65
天津	46.30	74.96	36.72	12.49	36.19
河北	9.38	63.71	16.66	27.95	19.32
上海	100.00	73.88	100.00	15.74	100.00
江苏	82.46	77.86	34.27	6.54	32.52
浙江	80.44	87.18	44.20	8.65	37.46
福建	33.00	66.02	25.53	12.18	28.56
山东	18.24	87.95	23.35	20.15	19.61
广东	43.83	73.35	29.51	10.60	29.72
海南	53.83	37.28	17.52	5.12	34.72
东部平均	54.30	71.15	37.62	12.95	38.98
辽宁	12.59	73.85	23.61	29.52	23.63
吉林	39.11	72.31	18.74	7.54	19.15
黑龙江	19.86	66.05	22.47	17.82	25.14
东北平均	23.85	70.74	21.61	18.29	22.64
山西	33.92	64.97	19.88	9.23	22.61
安徽	3.33	60.95	21.18	100.00	25.67
江西	5.41	62.60	19.52	56.84	23.04
河南	7.18	47.73	16.82	36.89	26.04
湖北	16.83	71.00	20.99	19.63	21.84
湖南	12.63	56.41	14.91	18.58	19.52
中部平均	13.22	60.61	18.88	40.19	23.12
内蒙古	52.33	89.98	21.99	6.62	18.06
广西	26.22	69.34	17.88	10.73	19.05
重庆	29.15	50.81	28.51	15.39	41.45
四川	44.71	66.12	19.41	6.83	21.68
贵州	11.71	63.02	6.44	8.66	7.55
云南	25.83	93.00	17.38	10.59	13.81
西藏	75.36	76.07	15.37	3.21	14.93

续表

省（自治区、直辖市）	投入指数	能力指数	效果指数	投入效能	服务效能
陕西	43.02	55.47	30.61	11.20	40.77
甘肃	32.69	51.12	27.31	13.15	39.46
青海	60.80	51.56	23.39	6.05	33.51
宁夏	45.71	100.00	30.13	10.38	22.26
新疆	42.90	85.69	25.49	9.36	21.98
西部平均	40.87	71.01	21.99	9.35	24.54
全国平均	38.20	69.02	26.39	17.35	28.74

表 4-10　2015 年省级公共文化服务效能指数

省（自治区、直辖市）	投入指数	能力指数	效果指数	投入效能	服务效能
北京	68.14	67.58	46.38	23.43	55.61
天津	49.83	72.72	35.73	24.68	39.82
河北	18.20	63.67	20.38	38.54	25.93
上海	93.08	81.03	100.00	36.98	100.00
江苏	52.96	81.43	48.51	31.53	48.27
浙江	100.00	94.02	74.45	25.63	64.17
福建	38.13	71.79	35.91	32.42	40.54
山东	32.64	87.79	31.58	33.30	29.15
广东	64.73	79.23	39.86	21.20	40.77
海南	29.58	35.53	15.93	18.54	36.33
东部平均	54.73	73.48	44.87	28.62	48.06
辽宁	23.70	78.72	28.52	41.42	29.35
吉林	39.44	77.45	25.00	21.82	26.15
黑龙江	24.13	70.11	25.72	36.68	29.72
东北平均	29.09	75.43	26.41	33.31	28.41
山西	43.63	67.93	22.72	17.93	27.10
安徽	9.70	63.52	28.18	100.00	35.95
江西	10.05	65.65	24.55	84.11	30.30
河南	16.31	50.34	23.42	49.42	37.70

续表

省（自治区、直辖市）	投入指数	能力指数	效果指数	投入效能	服务效能
湖北	31.54	75.38	27.88	30.43	29.97
湖南	20.88	65.64	20.02	33.00	24.71
中部平均	22.02	64.74	24.46	52.48	30.96
内蒙古	59.91	94.67	28.09	16.14	24.04
广西	28.53	69.33	22.70	27.39	26.54
重庆	36.68	55.78	37.91	35.57	55.07
四川	62.06	69.31	27.92	15.48	32.64
贵州	12.03	60.60	11.75	33.61	15.71
云南	30.46	95.26	22.61	25.54	19.23
西藏	57.15	68.41	19.65	11.83	23.27
陕西	41.12	65.83	35.54	29.75	43.75
甘肃	21.72	58.54	31.38	49.72	43.43
青海	40.48	55.97	24.23	20.60	35.08
宁夏	41.10	100.00	37.94	31.77	30.74
新疆	36.14	87.64	34.81	33.16	32.19
西部平均	38.95	73.45	27.88	27.55	31.81
全国平均	39.81	71.96	32.56	33.28	36.56

表 4-11　2016 年省级公共文化服务效能指数

省（自治区、直辖市）	投入指数	能力指数	效果指数	投入效能	服务效能
北京	79.47	67.95	48.21	17.23	59.60
天津	39.68	78.20	39.06	27.96	41.96
河北	13.37	64.79	20.48	43.48	26.54
上海	92.96	83.99	100.00	30.55	100.00
江苏	57.53	82.76	51.04	25.19	51.80
浙江	100.00	95.42	79.12	22.47	69.65
福建	39.98	72.60	39.85	28.31	46.11
山东	30.93	90.25	33.86	31.08	31.51
广东	73.79	60.78	42.12	16.21	58.21
海南	34.53	38.19	15.48	12.73	34.05

续表

省（自治区、直辖市）	投入指数	能力指数	效果指数	投入效能	服务效能
东部平均	56.22	73.49	46.92	25.52	51.94
辽宁	28.51	81.19	29.47	29.36	30.49
吉林	31.84	84.23	25.36	22.62	25.29
黑龙江	27.49	69.20	26.99	27.88	32.76
东北平均	29.28	78.20	27.28	26.62	29.51
山西	45.38	69.91	22.24	13.92	26.72
安徽	14.38	62.64	27.75	54.80	37.21
江西	7.14	68.11	25.14	100.00	31.00
河南	15.05	51.32	23.36	44.08	38.24
湖北	39.73	78.59	29.74	21.26	31.79
湖南	26.51	67.80	20.82	22.31	25.80
中部平均	24.70	66.40	24.84	42.73	31.79
内蒙古	61.41	100.00	27.50	12.72	23.10
广西	30.88	69.56	22.66	20.83	27.36
重庆	42.69	54.38	37.51	24.95	57.93
四川	52.80	71.23	26.07	14.02	30.74
贵州	18.47	61.85	12.35	18.99	16.77
云南	32.53	98.86	22.03	19.23	18.72
西藏	63.13	75.19	23.71	10.67	26.49
陕西	39.41	66.64	34.79	25.07	43.85
甘肃	14.37	58.39	28.12	55.56	40.45
青海	47.95	56.93	24.51	14.52	36.17
宁夏	42.48	99.88	37.05	24.77	31.15
新疆	30.17	87.05	33.18	31.22	32.01
西部平均	39.69	75.00	27.46	22.71	32.06
全国平均	41.12	73.16	33.21	27.87	38.18

二、2016年省级公共文化服务效能分析

表4-11展示了2016年我国31个省（自治区、直辖市）的公共文化服

务效能指数。可以发现，我国各地区间公共文化服务效能存在明显差距。在公共文化服务投入方面，东部地区最高，西部地区其次，中部地区最低。在公共文化服务能力方面，东北地区最高，西部地区其次，中部地区最低。在公共文化服务效果方面，东部地区最高，西部地区其次，中部地区最低。在投入效能指数方面，中部地区最高，西部地区最低。这说明中部地区尽管在投入和效果上落后于其他地区，但是将投入转化为最终服务效果的转化率最高；而西部地区虽然因为政策倾斜获得较多财政支持，但是将财政投入转化为最终服务效果的转化率仍然很低。在服务效能方面，东部地区最高，东北地区最低。这说明东部地区将现有的设施、人员等资源能力转化为最终服务效果的转化率最高；而东北地区虽然服务在设施、人员等能力上水平较高，但是将服务能力转化为最终服务效果的转化率仍不尽如人意。

如图 4-1 和图 4-2 所示，通过将各省（自治区、直辖市）的投入指数、能力指数和效果指数组合比较，可以发现各省（自治区、直辖市）的公共文化服务效能表现具有明显区别的模式。

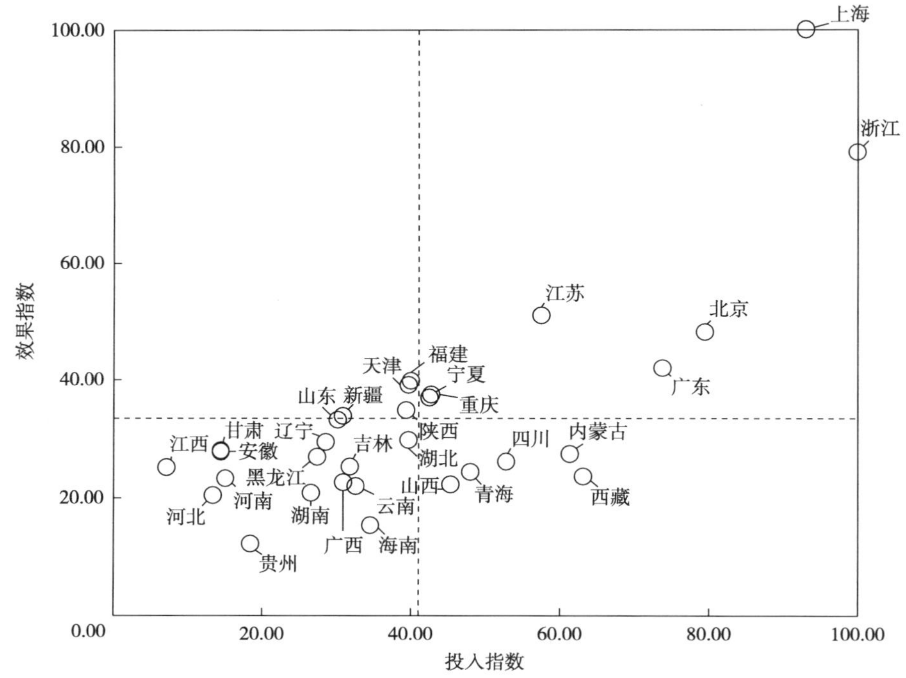

图 4-1　2016 年各省（自治区、直辖市）投入指数与效果指数组合

图中虚线位置为各省（自治区、直辖市）均值

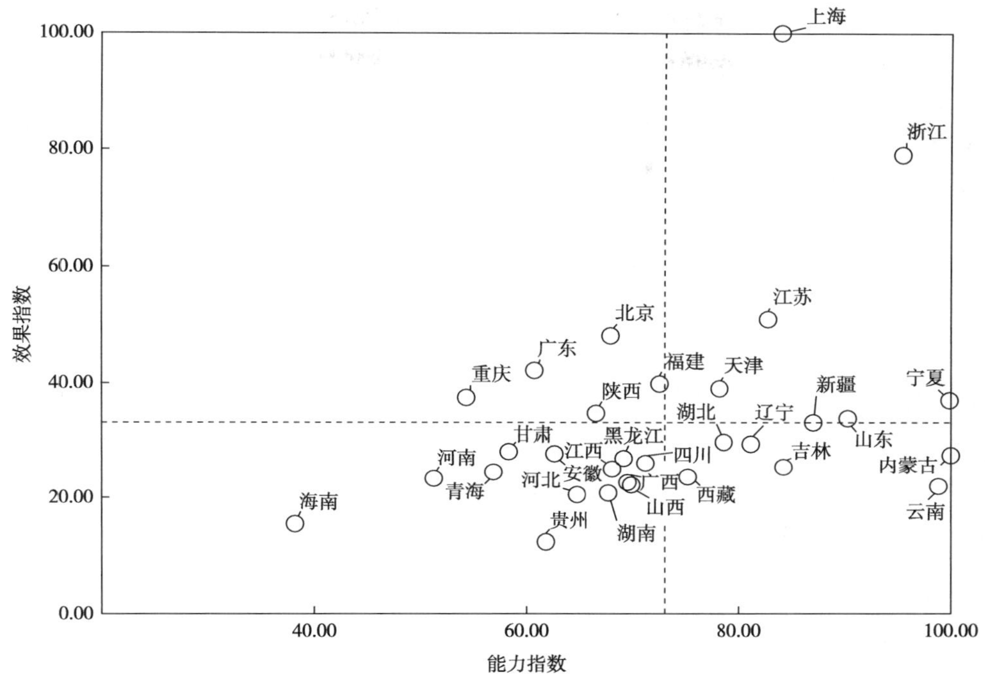

图 4-2　2016 年各省（自治区、直辖市）能力指数与效果指数组合

图中虚线位置为各省（自治区、直辖市）均值

从投入指数和效果指数的组合来看，除了上海、浙江、北京、江苏、广东等地实现了公共文化服务投入和公共文化服务效果的平衡发展外；河北、贵州、江西、河南、黑龙江、甘肃等省份投入水平低，服务效果差；西藏、内蒙古、四川、青海等省区投入相对较高，但服务效果较差。从能力指数和效果指数的组合来看，上海、浙江、江苏等地的服务能力和服务效果发展较为均衡；而海南、河南、青海、甘肃、贵州等省份的服务能力和服务效果均较差；云南、内蒙古、吉林、辽宁、西藏等省区服务能力虽然较高，但是服务效果较差。总的来说，全国投入和效果“双高”省（自治区、直辖市）较少，“双低”省（自治区、直辖市）较多；能力和效果也是“双高”省（自治区、直辖市）较少，“双低”省（自治区、直辖市）较多。

上述结果表明，与公共文化服务的投入、能力和效果的单方面评价相比，效能评价体系所反映的各省（自治区、直辖市）的公共文化服务的水平更为全面。例如，2016 年，西藏的投入效能在 31 个省（自治区、直辖市）中垫底，主要就是因为其虽然投入水平相对高，但是服务效果偏低，形成了“高投入低效果”的组合。作为公共文化服务的主要供给主体，政府财政的投入是供给和保障公共文化服务设施和产品（服务）顺利供应的资金来源。但是随着群众公共文化需求的日益增长和需求多元化发展，除了增加投入之外，也应该兼顾能力的发展和效果的提高。单方面追求公共文化服务的投入、能力或效果的发展都不是我们所需要的公共文化服务发展，不能单只从三者的任何一个方面考量一个地区的公共文化服务效能。

第五章　公共文化服务满意度评估：以示范区为例

公众对公共文化服务的满意度是测量公共文化服务效果的重要指标，是公共文化服务效能的重要维度。本章将介绍第二批国家公共文化服务体系示范区的群众满意度评估结果。2016年4月，受文化部委托，清华大学中国发展规划研究中心对第二批国家公共文化服务体系示范区开展了群众满意度测评工作。本次测评采用互联网网页在线调查和移动端微信调查相结合的方式，由全国32个公共文化示范区的有关部门展开前期组织宣传，邀请本地常驻居民对公共文化设施的使用情况、公共文化活动的参与情况、公共文化服务的质量和公共文化服务的满意度进行了评价。

第一节　示范区公共文化服务满意度评估概述

测评系统后台累计收到来自全国32个示范区的209 060份群众调查反馈。由于调查条件的限制，无法进行完全随机抽样，本次研究最终采用了滚雪球抽样方法。因此，参与本次问卷调查的样本主要代表了本身就偏好文化活动的人群，更多地反映了群众中文化爱好者对公共文化服务的评价。

本次研究根据预设的有效性标准筛选数据进行分析，所采用的标准如下：①“反馈信息总量标准”，满意度调查第一题选“什么也不知道”，或答题态度不认真，反馈信息量不足 80%，视为无效样本；②“逻辑一致性标准”，反馈信息前后逻辑不合理，回答结果出现逻辑矛盾和前后不一致现象的视为无效样本；③“身份有效性标准”，反馈样本未留存手机号（超过 90%的样本进行了手机验证），身份的唯一性无法验证，为避免“一人多次参与测评”舍弃这部分样本；④“主观题差异性标准”，问卷中 9 道主观题如果全部选择满分或全部缺失，视为无效样本。根据上述标准，最终保留的用以分析有效样本为 94 667 个。各示范区群众满意度测评样本总体情况，如表 5-1 所示。

表 5-1　各示范区群众满意度测评样本总体情况

示范区		户籍居民数/万	反馈样本数量	有效样本数量
1	北京东城	91	4 168	398
2	天津河西	82	8 562	4 293
3	河北廊坊	456	5 694	4 171
4	山西朔州	176	9 744	3 969
5	内蒙古包头	274	8 028	4 198
6	辽宁沈阳沈河	73	7 273	2 051
7	吉林延边	214	2 335	1 516
8	黑龙江哈尔滨南岗	101	7 100	1 317
9	上海浦东	547	4 970	1 311
10	江苏无锡	481	5 133	3 473
11	浙江嘉兴	459	4 134	1 036
12	安徽安庆	502	3 016	1 469
13	福建三明	251	7 669	4 253
14	江西新余	117	7 019	1 924
15	山东烟台	701	14 069	4 349
16	河南洛阳	721	10 622	4 994
17	湖北襄阳	561	15 265	10 291
18	湖南岳阳	564	12 864	4 686
19	广东深圳福田	144	1 776	875
20	海南保亭	15	1 015	565
21	广西玉林	571	4 152	493

续表

示范区		户籍居民数/万	反馈样本数量	有效样本数量
22	重庆北碚	79	4 155	2 536
23	四川南充	630	7 493	2 934
24	贵州贵阳	462	6 388	1 984
25	云南楚雄	273	5 879	2 804
26	西藏山南	36	2 479	1 446
27	陕西渭南	534	11 677	7 514
28	甘肃张掖	122	5 450	3 262
29	青海西宁	231	6 902	3 913
30	宁夏石嘴山	77	6 597	3 007
31	新疆克拉玛依	30	2 869	1 679
32	新疆石河子	63	4 563	1 956

第二节　群众对于公共文化服务设施的知晓率与参与率

一、群众对于公共文化服务设施的知晓率

在群众调查问卷中，通过如下问题来调查群众对于公共文化服务设施的知晓率：您是否知道您住所周边的图书馆（室）、文化馆/群众艺术馆（以下统称文化馆）、博物馆、美术馆、乡镇（街道）综合文化站、村（社区）文化活动室（中心）或其他文化活动场所？

如表 5-2 和图 5-1 所示，从全国平均水平来看，不同类型文化设施的群众知晓率存在较大差异，图书馆的群众知晓率最高（71.90%），乡镇（街道）综合文化站、村（社区）文化活动室（中心）次之，文化馆的群众知晓率最低（59.20%）。地区间群众知晓率存在较大差异，且呈现出不同模式。东北地区的图书馆的群众知晓率较高，东部地区次之。东部地区的综

合文化站和文化活动室的群众知晓率较高，西部地区的文化馆群众知晓率较高，而中部地区则在文化馆、综合文化站和文化活动室上的群众知晓率均低于全国平均水平。

表 5-2　群众对公共文化服务设施的知晓率

地区	图书馆	文化馆	综合文化站	文化活动室
全国	71.90%	59.20%	62.50%	60.20%
东北地区	73.20%	60.10%	58.90%	61.70%
东部地区	72.90%	60.00%	67.70%	65.60%
西部地区	70.80%	61.90%	63.10%	60.20%
中部地区	72.50%	54.60%	57.50%	55.00%

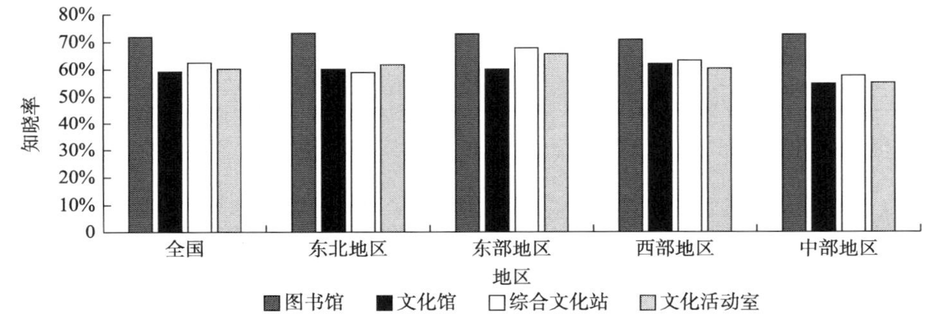

图 5-1　群众对公共文化服务设施的知晓率

在 32 个示范区中，浙江嘉兴在图书馆知晓率上最高（87.1%），西藏山南最低（46.3%）；文化馆知晓率上，江苏无锡最高（80.5%），天津河西最低（41.3%）；综合文化站知晓率上，江苏无锡最高（88.3%），辽宁沈阳沈河最低（41.9%）；文化活动室知晓率上，江苏无锡最高（86.5%），山西朔州最低（39.4%）。

二、群众对于公共文化服务的参与率

（一）公共文化服务设施的使用率

在群众调查问卷中，通过如下问题调查公共文化服务设施的使用率：

在上述场馆中，近一年内您去过哪些呢？

如表 5-3 和图 5-2 所示，从全国平均水平来看，群众对不同类型公共文化服务设施的使用率有明显差异，图书馆的使用率最高（62.00%），镇（街道）综合文化站、村（社区）文化活动室（中心）次之，群众对文化馆的使用率最低（48.90%）。在图书馆的使用率上，东北地区最高，西部地区最低。东部地区在综合文化站和文化活动室的使用率上最高，西部地区在文化馆的使用率上最高，而中部地区在这三类场馆的使用率上均最低。

表 5-3 群众对公共文化服务设施的使用率

地区	图书馆	文化馆	综合文化站	文化活动室	均不参与
全国	62.00%	48.90%	54.10%	53.40%	5.70%
东北地区	64.30%	47.50%	50.10%	54.60%	4.80%
东部地区	61.80%	49.80%	58.70%	58.10%	5.10%
西部地区	61.20%	52.50%	55.30%	53.70%	5.40%
中部地区	62.90%	43.40%	49.00%	48.40%	6.90%

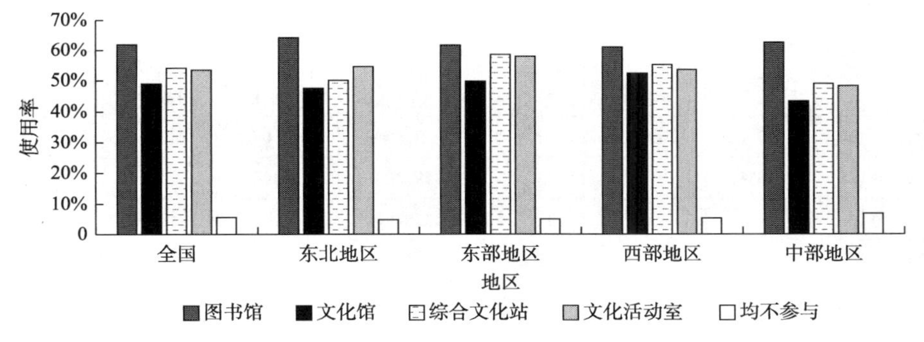

图 5-2 群众对公共文化服务设施的使用率

在 32 个示范区中，江苏无锡在图书馆的使用率上最高（80.10%），西藏山南最低（39.60%）；在文化馆使用率上，江苏无锡最高（73.10%），天津河西最低（34.10%）；在综合文化站使用率上，江苏无锡最高（84.10%），辽宁沈阳沈河最低（31.80%）；文化活动室使用率上，江苏无锡最高（81.90%），山西朔州最低（34.30%）。此外，山东烟台有 9.60%的被访群众过去一年从未去过上述公共文化服务设施。

综上所述，文化馆的知晓率和使用率均最低，这意味着文化馆的空间布局和活动开展仍需要进一步完善。综合文化站和文化活动室较高的使用率说明，群众参与公共文化服务的主要活动场所仍主要集中在居住地附近的基层网点，因此，应进一步加强文化馆总分馆制的建设，拓展文化馆服务的辐射范围。

（二）群众参与公共文化服务的频率

在群众调查问卷中，通过如下问题调查公共文化服务的参与频率：近一年内，您去图书馆（室）、文化馆、博物馆、美术馆等文化活动场所的频次如何？

如表 5-4 和图 5-3 所示，全国示范区平均有 56.80%的群众每月至少参与 1 次公共文化服务。按每月至少 1 次排序，依次是东部地区、西部地区、中部地区、东北地区。具体而言，在极高参与频率和较高参与频率方面，各地区也存在明显差异。其中，中部地区每周参与 1~2 次的比例最高（22.40%），东北地区每半月参与 1~2 次的比例最高（14.30%），东部地区每月参与 1~2 次的比例最高（25.10%）。

表 5-4 群众参与公共文化服务的频率

地区	缺失	每半年 1~2 次	每季度 1~2 次	每月 1~2 次	每半月 1~2 次	每周 1~2 次	每月至少 1 次
全国	5.90%	14.00%	23.30%	22.80%	12.10%	21.90%	56.80%
东北地区	5.20%	16.20%	23.00%	19.20%	14.30%	22.20%	55.70%
东部地区	5.20%	12.60%	23.70%	25.10%	12.00%	21.30%	58.40%
西部地区	5.50%	14.90%	22.80%	22.10%	12.60%	21.90%	56.60%
中部地区	7.00%	13.50%	23.50%	22.30%	11.10%	22.40%	55.80%

注：每月至少 1 次的参与频率=每月 1~2 次频率+每半月 1~2 次频率+每周 1~2 次频率

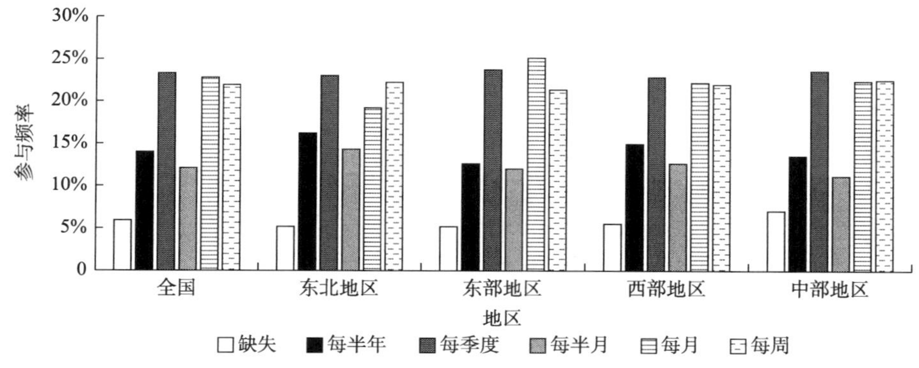

图 5-3 群众参与公共文化服务的频率

以每月至少 1 次的参与频率衡量，32 个示范区中江苏无锡（75.7%）和西藏山南（72.4%）群众参与频率较高，山东烟台（45.9%）、湖北襄阳（46.7%）和甘肃张掖（48.1%）较低。

第三节 群众对于公共文化服务的质量评价

本次调查主要从公共文化服务场馆设施开放时间、管理员的服务、设施空间和设备数量、场馆设施文化资源的针对性，以及文化活动开展的整体水平这五个方面来调查群众对于示范区公共文化服务质量的主观评价。

一、对开放时间的评价

在群众调查问卷中，通过如下问题调查对于开放时间的评价：对您来说，您觉得这些文化场馆设施开放的时间方便吗？

如表 5-5 和图 5-4 所示，全国示范区平均有 82.90%的群众认为公共文化服务场馆设施开放时间比较方便或非常方便，其中 43.40%的群众认为开放时间非常方便。东部地区群众对开放时间的平均评价最高（86.20%认为比较方便或非常方便，其中 47.30%认为非常方便），中部地区的平均评价最低（81.30%认为比较方便或非常方便，其中 42.30%认为非常方便）。

表 5-5 群众对公共文化服务设施开放时间的评价

地区	缺失	很不方便	不太方便	一般	比较方便	非常方便	比较或非常方便
全国	6.00%	0.40%	1.50%	9.10%	39.50%	43.40%	82.90%
东北地区	5.50%	0.70%	1.70%	10.50%	39.20%	42.40%	81.60%
东部地区	5.30%	0.30%	1.10%	7.20%	38.90%	47.30%	86.20%
西部地区	5.60%	0.40%	1.70%	10.10%	40.40%	41.90%	82.30%
中部地区	7.10%	0.50%	1.70%	9.40%	39.00%	42.30%	81.30%

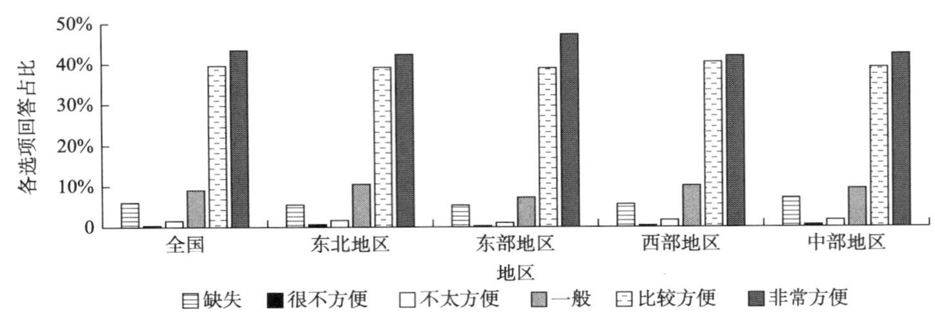

图 5-4 群众对公共文化服务设施开放时间的评价

在 32 个示范区中，天津河西的群众对开放时间评价最高（96%认为比较方便或非常方便，其中 54.6%认为非常方便），陕西渭南的群众对开放时间评价最低（73.9%认为比较方便或非常方便，其中 32.4%认为非常方便）。

二、对管理人员服务水平的评价

在群众调查问卷中，通过如下问题调查对管理人员服务水平的评价：您觉得这些文化场馆设施管理人员的服务（如态度、专业化水平）如何？

如表 5-6 和图 5-5 所示，全国示范区平均有 82.90% 的群众认为公共文化服务场馆设施管理人员的服务水平比较好或非常好，其中 44.70%的群众认为服务水平非常好。各地区群众对于人员服务水平的评价结果呈现不同模式，东部地区群众的平均评价最高（86.40%认为比较好或非常好），中部地区的平均评价最低（80.80%认为比较好或非常好）。西部地区群众认为人员服务水平非常好的比例最低（43.80%），但是认为比较好的比例仅次于东部地区（西部 38.40%，东部 40.60%）。

表 5-6 群众对公共文化服务设施管理人员服务水平的评价

地区	缺失	很差	不太好	一般	比较好	非常好	比较或非常好
全国	6.20%	0.60%	0.30%	10.00%	38.20%	44.70%	82.90%
东北地区	5.80%	0.60%	0.20%	11.00%	36.50%	45.80%	82.30%
东部地区	5.50%	0.40%	0.30%	7.40%	40.60%	45.80%	86.40%
西部地区	5.90%	0.60%	0.30%	11.00%	38.40%	43.80%	82.20%
中部地区	7.30%	0.70%	0.40%	10.90%	36.00%	44.80%	80.80%

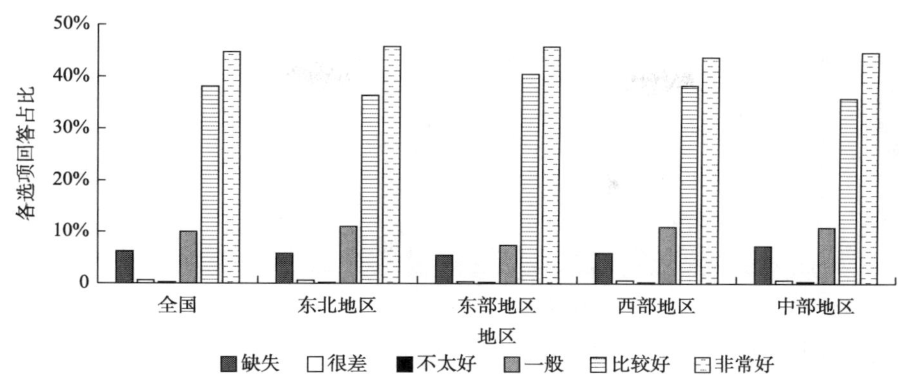

图 5-5　群众对公共文化服务设施管理人员服务水平的评价

在 32 个示范区中，天津河西的群众对人员服务水平评价最高（96.1%认为比较好或非常好，52.3%认为非常好），陕西渭南的群众对人员服务水平的评价最低（72.8%认为比较好或非常好，33.8%认为非常好）。

三、对设施空间和设备数量的评价

在群众调查问卷中，通过如下问题调查对公共文化服务设施空间和设备数量的评价：您觉得这些文化场馆设施的空间和设备的数量够用吗？

如表 5-7 和图 5-6 所示，全国示范区平均有 77.00%的群众认为公共文化服务设施空间和设备数量基本够用或完全够用，但是其中仅 19.60%认为完全够用，这意味着公共文化服务硬件设施的建设还有较大提升空间。各地区之间硬件条件也存在一定差距，东部地区平均水平最高（81.70%的群众认为基本够用或完全够用，其中 22.40%认为完全够用），东北地区（73.00%的群众认为基本够用或完全够用，其中 20.60%认为完全够用）和中部地区（73.90%的群众认为基本够用或完全够用，其中 17.50%认为完全够用）平均水平较低。

表 5-7　群众对公共文化服务设施空间和设备数量的评价

地区	缺失	很不够用	不太够用	一般	基本够用	完全够用	基本或完全够用
全国	6.40%	0.90%	5.60%	10.10%	57.40%	19.60%	77.00%
东北地区	5.90%	1.40%	6.70%	13.00%	52.40%	20.60%	73.00%

续表

地区	缺失	很不够用	不太够用	一般	基本够用	完全够用	基本或完全够用
东部地区	5.70%	0.60%	4.00%	8.10%	59.30%	22.40%	81.70%
西部地区	6.00%	1.00%	5.80%	10.40%	57.60%	19.20%	76.80%
中部地区	7.60%	1.00%	6.50%	11.00%	56.40%	17.50%	73.90%

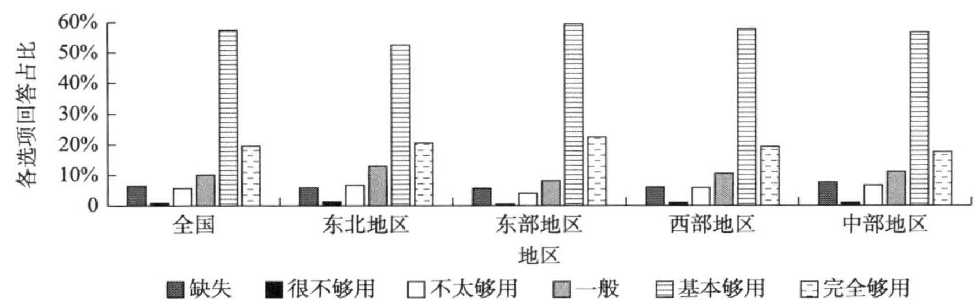

图 5-6 群众对公共文化服务设施空间和设备数量的评价

在 32 个示范区中，天津河西的群众对设施空间和设备数量的平均评价最高（94.8%的群众认为基本够用或完全够用，38.7%认为完全够用），湖北襄阳的群众的平均评价最低（67.7%的群众认为基本够用或完全够用，14.2%认为完全够用）。

四、对文化资源的针对性的评价

在群众调查问卷中，通过如下问题调查对公共文化服务设施的文化资源丰富程度的评价：您觉得这些文化场馆设施的文化资源（包括图书藏书、展品数量、文艺演出辅导培训等）是否能够满足您的需要？

如表 5-8 和图 5-7 所示，全国示范区平均有 78.00%的群众认为公共文化服务设施的文化资源基本或完全可以满足需求，其中 23.00%认为完全可以满足需求。地区间评价也存在差距，东部地区的群众平均评价最高（82.10%认为基本或完全可以满足需求），中部地区的平均评价最低（74.70%认为基本或完全可以满足需求）。

表 5-8　群众对公共文化服务设施文化资源丰富程度的评价

地区	缺失	无法满足需求	只能满足部分需求	一般	基本可以满足需求	完全可以满足需求	基本或完全满足需求
全国	6.30%	0.90%	5.20%	9.60%	55.00%	23.00%	78.00%
东北地区	5.70%	1.00%	5.40%	11.10%	51.60%	25.20%	76.80%
东部地区	5.60%	0.60%	3.80%	7.80%	57.00%	25.10%	82.10%
西部地区	6.00%	0.90%	5.50%	9.80%	54.70%	23.10%	77.80%
中部地区	7.50%	1.10%	6.00%	10.60%	54.20%	20.50%	74.70%

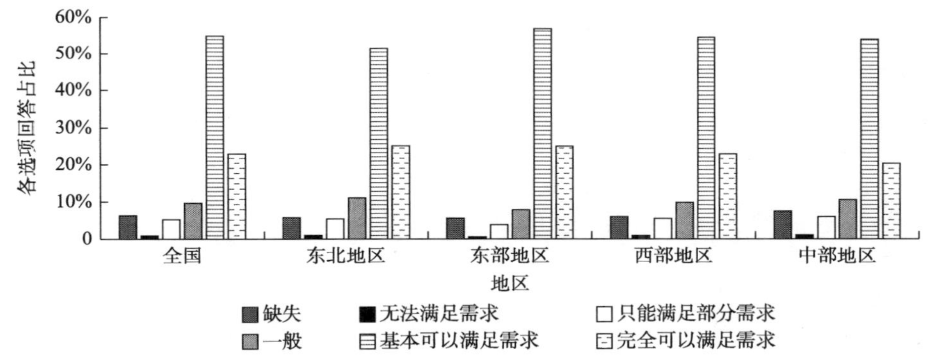

图 5-7　群众对公共文化服务设施文化资源丰富程度的评价

在 32 个示范区中，天津河西的群众平均评价（95.7%的群众认为基本或完全可以满足需求，其中 40.2%认为完全满足）最高，湖北襄阳（69.1%的群众认为基本或完全可以满足需求，其中 17.5%认为完全满足）和海南保亭（69.2%的群众认为基本或完全可以满足需求，其中 25%认为完全满足）的平均评价最低。

五、对公共文化活动开展整体水平的评价

在群众调查问卷中，通过如下问题调查对于公共文化活动开展的整体水平评价：总体而言，您觉得本地的公共文化活动开展的整体水平怎么样？

如表 5-9 和图 5-8 所示，全国示范区平均有 82.50%的群众认为本地公

共文化活动开展的整体水平比较好或非常好，其中 36.00%的群众认为非常好。东部地区的群众的平均评价最高（86.90%认为比较好或非常好，其中 39.20%认为非常好），中部地区的平均评价最低（79.40%认为比较好或非常好，其中 34.70%认为非常好）。

表 5-9　群众对公共文化活动开展整体水平的评价

地区	缺失	很差	不太好	一般	比较好	非常好	比较好或非常好
全国	0.80%	0.50%	1.80%	14.30%	46.50%	36.00%	82.50%
东北地区	1.30%	0.50%	2.00%	15.00%	43.40%	37.80%	81.20%
东部地区	0.60%	0.30%	1.20%	10.90%	47.70%	39.20%	86.90%
西部地区	0.70%	0.50%	1.80%	14.90%	47.40%	34.70%	82.10%
中部地区	0.90%	0.70%	2.50%	16.50%	44.70%	34.70%	79.40%

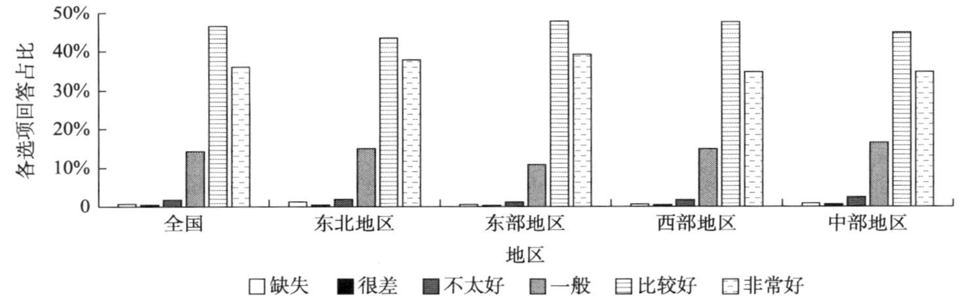

图 5-8　群众对公共文化活动开展整体水平的评价

在 32 个示范区中，天津河西的群众平均评价最高（96.4%认为比较好或非常好，其中 44.3%认为非常好），陕西渭南的平均评价最低（71.9%认为比较好或非常好，其中 26.3%认为非常好）。

六、小结

如表 5-10 和图 5-9 所示，全国示范区的群众对公共文化服务设施的开放时间和管理人员的服务水平评价较高（各有 82.90%的群众给予积极评价），而对于公共文化服务设施空间和设备数量、文化资源丰富程度的评价则有所保留（分别有 77.00%和 78.00%的群众给予积极评价）。

表 5-10　群众对公共文化服务质量的评价

地区	开放时间	人员服务	设施空间和设备数量	文化资源丰富程度	活动开展整体水平
全国	82.90%	82.90%	77.00%	78.00%	82.50%
东北地区	81.60%	82.30%	73.00%	76.80%	81.20%
东部地区	86.20%	86.40%	81.70%	82.10%	86.90%
西部地区	82.30%	82.20%	76.80%	77.80%	82.10%
中部地区	81.30%	80.80%	73.90%	74.70%	79.40%
最佳个案	天津河西 安徽安庆	天津河西 安徽安庆 江苏无锡	天津河西 江苏无锡	天津河西 江苏无锡	天津河西 江苏无锡
最差个案	陕西渭南	陕西渭南	湖北襄阳	湖北襄阳 海南保亭	陕西渭南

注：最佳个案和最差个案按照积极评价（评分最高的两档）的比例来衡量

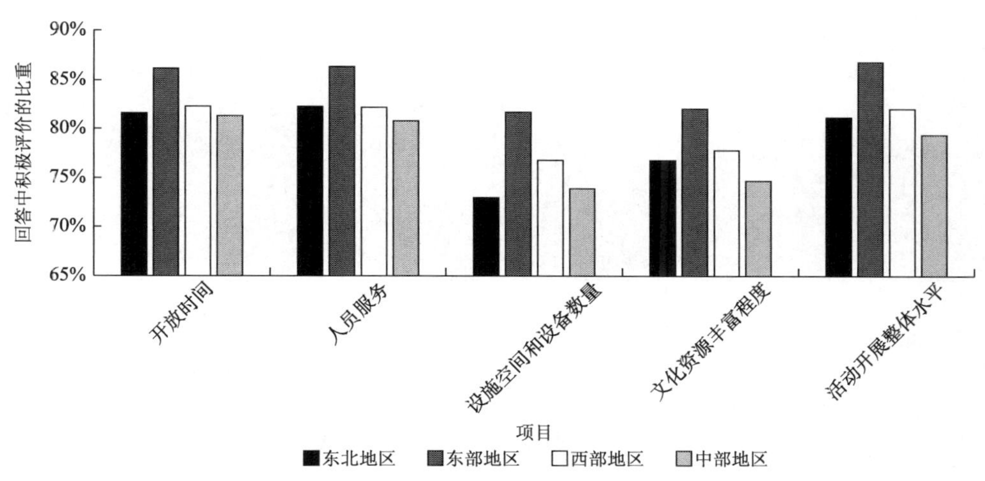

图 5-9　群众对公共文化服务质量的评价

地区间在公共文化服务质量上存在明显的差距，东部地区示范区的群众在所有五个方面的积极评价比例均是最高，东北地区在设施空间和设备数量的积极评价比例最低，中部地区则在其他四个方面的积极评价比例均最低。

在 32 个示范区中，天津河西在所有五个方面的服务质量的评价上，积极评价比例均最高，安徽安庆和江苏无锡也分别在 2~3 个方面的质量评价上积极评价比例较高，而陕西渭南、湖北襄阳和海南保亭则分别在 1~3 个方面的质量评价上积极评价比例排名较低。

第四节　群众对于公共文化服务的满意度评价

一、对本地公共文化服务设施的日常管理和服务的满意度

在群众调查问卷中，通过如下问题调查对公共文化服务设施的日常管理和服务的满意度：根据您的整体感觉，您对本地的公共文化服务设施，日常管理和服务的满意程度如何？

如表 5-11 和图 5-10 所示，全国示范区平均有 84.80%的群众对公共文化服务设施的日常管理和服务的满意度比较高，其中 38.60%的群众非常满意。东部地区的群众的平均满意度最高（89.00%），中部地区的平均满意度最低（82.20%）。

表 5-11　群众对公共文化服务设施的日常管理和服务的满意度

地区	缺失	非常不满意	不太满意	一般	比较满意	非常满意	比较或非常满意
全国	0.60%	0.40%	1.90%	12.30%	46.20%	38.60%	84.80%
东北地区	0.90%	0.40%	1.80%	13.40%	44.70%	38.80%	83.50%
东部地区	0.50%	0.30%	1.20%	9.00%	46.70%	42.30%	89.00%
西部地区	0.60%	0.40%	1.90%	12.90%	46.90%	37.30%	84.20%
中部地区	0.70%	0.40%	2.60%	14.10%	45.20%	37.00%	82.20%

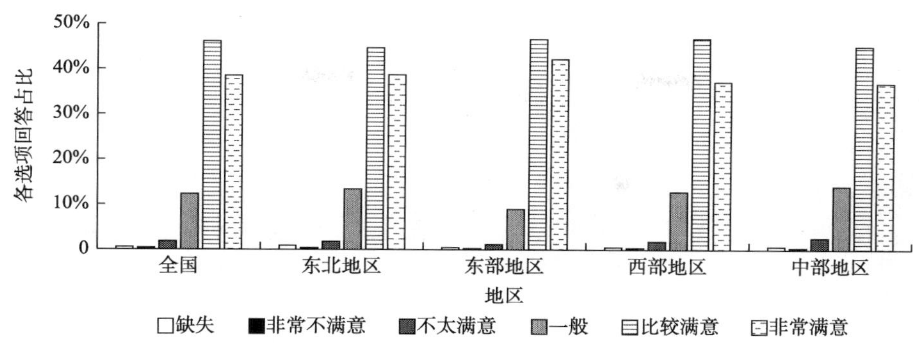

图 5-10　群众对公共文化服务设施的日常管理和服务的满意度

在全国 32 个示范区中，天津河西（97.0%）和江苏无锡（95.7%）的群众积极评价最高，陕西渭南（76.5%）和湖北襄阳（76.5%）的评价则较低。

二、对公共文化活动开展针对性的满意度

在群众调查问卷中，通过如下问题调查对公共文化活动开展针对性的满意度：就满足您的个人需求而言，您对本地公共文化活动开展的满意程度如何？

如表 5-12 和图 5-11 所示，全国示范区平均有 82.70%的群众对本地公共文化活动开展的针对性比较或非常满意，其中 35.70%的群众非常满意。东部地区的群众的平均满意度最高（86.70%），中部地区最低（79.80%）。

表 5-12　群众对公共文化活动开展针对性的满意度

地区	缺失	非常不满意	不太满意	一般	比较满意	非常满意	比较或非常满意
全国	0.70%	0.40%	2.10%	14.10%	47.00%	35.70%	82.70%
东北地区	1.10%	0.50%	1.90%	15.40%	43.30%	37.70%	81.00%
东部地区	0.50%	0.30%	1.50%	11.00%	49.70%	37.00%	86.70%
西部地区	0.60%	0.40%	2.10%	14.50%	47.50%	34.90%	82.40%
中部地区	0.80%	0.60%	2.90%	16.00%	44.60%	35.20%	79.80%

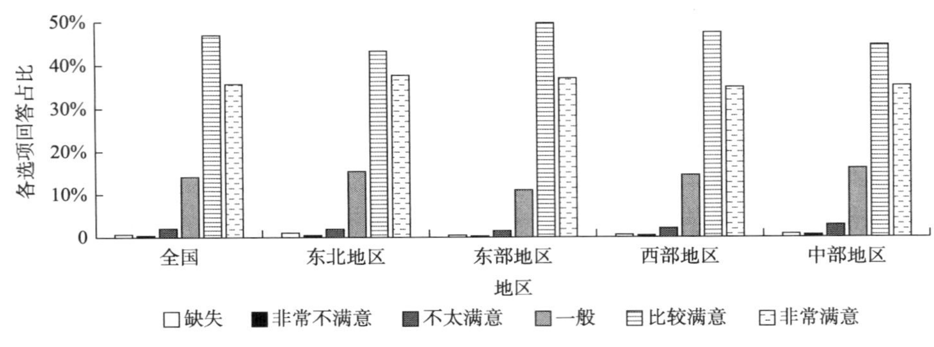

图 5-11 群众对公共文化活动开展针对性的满意度

在 32 个示范区中，天津河西的群众对公共文化活动开展针对性的平均满意度最高（96.8%），陕西渭南（73.2%）、湖北襄阳（73.3%）和辽宁沈阳沈河（73.5%）则较低。

三、对本地公共文化服务的总体满意度

在群众调查问卷中，通过如下问题调查对公共文化服务的总体满意度：总体而言，您对本地公共文化服务（包括服务活动的组织效果、服务项目的质量）满意吗？

如表 5-13 和图 5-12 所示，全国示范区有 83.50%的群众对本地公共文化服务比较满意或非常满意，其中 38.40% 为非常满意。东部地区群众对本地公共文化服务的总体满意度最高（87.40%积极评价），中部地区最低（80.60%积极评价）。

表 5-13 群众对本地公共文化服务的总体满意度

地区	缺失	非常不满意	不太满意	一般	比较满意	非常满意	比较或非常满意
全国	1.30%	0.30%	1.80%	13.10%	45.10%	38.40%	83.50%
东北地区	1.90%	0.40%	1.60%	14.30%	41.90%	40.00%	81.90%
东部地区	1.00%	0.30%	1.30%	10.00%	46.50%	40.90%	87.40%
西部地区	1.30%	0.30%	1.70%	13.50%	45.90%	37.20%	83.10%
中部地区	1.60%	0.40%	2.30%	15.00%	43.10%	37.50%	80.60%

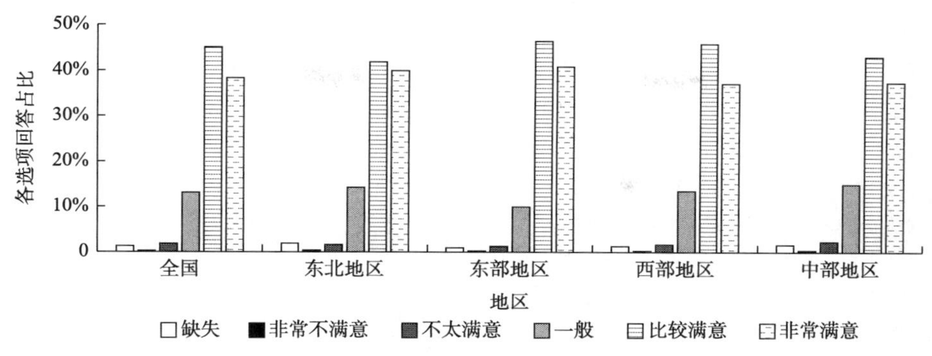

图 5-12 群众对本地公共文化服务的总体满意度

在32个示范区中，天津河西（96.1%）和江苏无锡（95.7%）的群众总体满意度较高，陕西渭南（73.3%）则较低。

四、不同群体对本地公共文化服务的总体满意度

如表5-14和图5-13所示，不同户籍类型的群众对本地公共文化服务的总体满意度存在明显差异，这意味着公共文化服务均等化仍有提升空间。其中，本市城镇户籍居民对于本地公共文化服务满意度最高（84.90%积极评价），其次分别是本市农村户籍居民（82.00%）、外地户籍本市工作（81.50%）和外地户籍临时来本地的群众（74.40%）。

表 5-14 不同户籍群众对本地公共文化服务的总体满意度

户籍类型	缺失	非常不满意	不太满意	一般	比较满意	非常满意	比较或非常满意
平均	1.30%	0.30%	1.80%	13.10%	45.10%	38.40%	83.50%
本市城镇	1.10%	0.30%	1.70%	12.10%	45.60%	39.30%	84.90%
本市农村	1.50%	0.50%	2.20%	13.90%	43.60%	38.40%	82.00%
外地户籍本市工作	1.50%	0.30%	1.50%	15.20%	46.00%	35.50%	81.50%
外地户籍临时来本地	1.30%	0.90%	2.00%	21.50%	42.60%	31.80%	74.40%
其他	2.30%	0.40%	2.00%	21.40%	44.80%	29.00%	73.80%

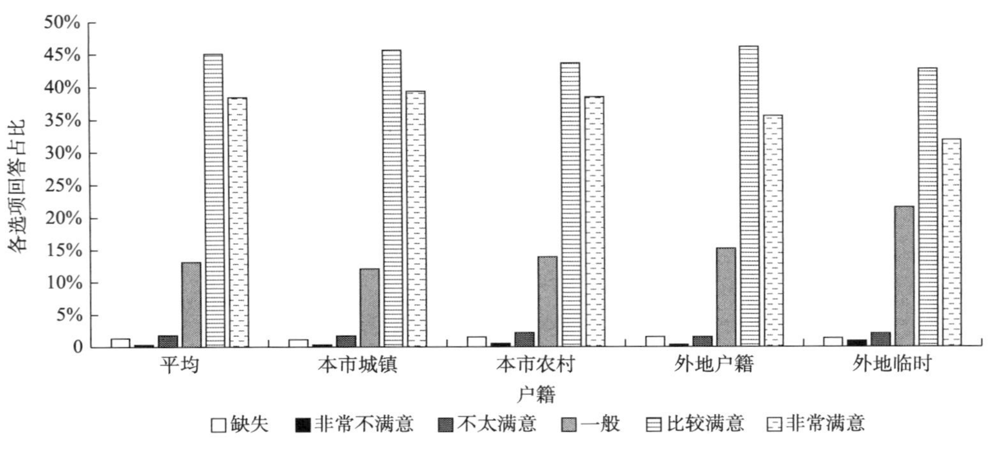

图 5-13　不同户籍群众对本地公共文化服务的总体满意度

如表 5-15 和图 5-14 所示，不同职业类型的群众对于公共文化服务的总体满意度存在明显差异。其中，离退休群体对于公共文化服务的总体满意度最高（91.70%积极评价，44.00%非常满意），而其他类型（在企事业单位等工作的各类就业人员）的群众的满意度则与平均水平持平，但是进城务工人员（79.60%积极评价）和下岗失业人员（79.40%积极评价）对公共文化服务的满意度则显著低于平均水平。这说明当前对于满足老龄群体的公共文化需求方面取得了突出成绩，然而对于其他弱势群体的服务仍有待提高。

表 5-15　不同职业群众对本地公共文化服务的总体满意度

户籍类型	缺失	非常不满意	不太满意	一般	比较满意	非常满意	比较或非常满意
平均	1.30%	0.30%	1.80%	13.10%	45.10%	38.40%	83.50%
进城务工	1.90%	0.40%	2.70%	15.40%	42.30%	37.30%	79.60%
离退休	0.90%	0.20%	0.60%	6.60%	47.70%	44.00%	91.70%
下岗失业	2.40%	0.70%	2.30%	15.20%	43.80%	35.60%	79.40%
其他	1.30%	0.30%	1.80%	13.20%	45.10%	38.30%	83.40%

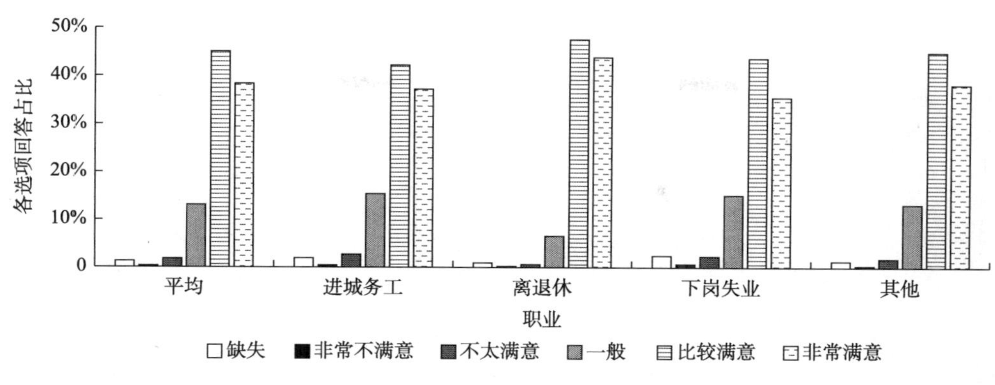

图 5-14 不同职业群众对本地公共文化服务的总体满意度

五、群众对于公共文化服务机构信息公开的评价

在群众调查问卷中，通过如下问题调查对于公共文化服务机构信息公开的评价：您觉得本地文化机构在服务信息公开上做得如何（如免费开放、开放时间、服务项目和活动等）？

如表 5-16 和图 5-15 所示，全国示范区平均有 81.80%的群众对本地公共文化机构的信息公开水平给予积极评价，其中 38.70%认为非常好。东部地区的群众对于本地公共文化服务机构的信息公开评价最高（86.00%积极评价），中部地区则较低（79.20%）。

表 5-16 群众对本地公共文化服务机构信息公开的评价

地区	缺失	非常不好	不太好	一般	比较好	非常好	比较好或非常好
全国	1.60%	0.40%	2.10%	14.10%	43.10%	38.70%	81.80%
东北地区	1.70%	0.40%	2.00%	15.60%	40.40%	39.90%	80.30%
东部地区	1.20%	0.30%	1.60%	10.90%	45.20%	40.80%	86.00%
西部地区	1.50%	0.40%	2.00%	14.80%	43.60%	37.70%	81.30%
中部地区	1.90%	0.50%	2.70%	15.80%	41.20%	38.00%	79.20%

在 32 个示范区中，天津河西（96.2%积极评价）和江苏无锡（95.0%）的群众对信息公开的评价较高，陕西渭南最低（70.3%）。

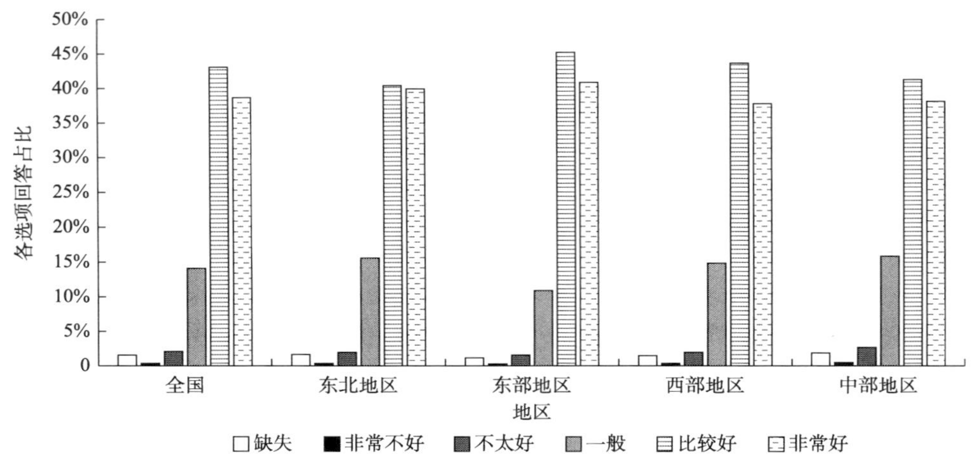

图 5-15　群众对本地公共文化服务机构信息公开的评价

第六章　中国公共文化服务发展前瞻

立足中国公共文化服务体系建设的现实基础，迫切需要补齐短板、兜好底线，提升公共文化服务效能，实现基本公共文化服务的标准化和均等化。此外，为应对日益多样化和个性化的文化消费需求，亟须着力提升文化产品供给的质量和效益，完成文化供需适配。对当前中国公共文化发展的整体有如下建议。

一是，加大贫困地区公共文化服务体系建设。针对基层服务资源匮乏、城乡服务差距过大的问题，要坚持资源下移，重在基层，促进公共文化服务均等化。对中国各省（市、区）公共文化服务发展指数的测算和评价，表明东、中、西、东北部区域之间和区域内的省份之间的公共文化服务发展不平衡的矛盾依然很突出，尤其是在公共文化服务的能力和效果方面地域间差异十分明显。因此，各级政府有必要结合效能评价结构及公共文化服务的投入、能力和效果三项内容展开区域间、区域内的均等化建设，以此熨平存在的公共文化服务的差异鸿沟。

对中央政府而言，应当调整投入结构和方式，加强对中部和西部地区公共文化服务建设的重视，加大财政转移的同时也要重视地区间的其他差异（如经济、地理、文化、习俗等），有针对性地探讨和解决公共文化服务相对落后地区的核心发展问题。以《公共文化服务保障法》为依据，扩大转移支付，加快提升革命老区、民族地区、边疆地区、贫困地区的公共文化服务能力和水平，促进全国公共文化服务均衡协调发展。

对地方政府而言，要推动资源下移、重心下移、责任下移，发挥基层政府的责任主体地位。应进一步明确地方基层政府在公共文化服务中的主体地位，建立基层政府财权与事权相匹配的财政体制，建立和完善文化事业费用投入的稳定性和长效机制，避免文化事业经费投入的“一事一议”

状态，更要保证公共文化服务的高效、合理。此外，要持续深化文化领域供给侧结构性改革，健全文化需求传导机制，鼓励和吸引全社会参与文化创造和文化供给。形成设施互联、资源共享、服务联动、城乡一体的文化网络体系①。要强化均等化在公共文化服务建设过程中的重要意义，把工作重点放到城乡基层和老少边穷地区，完善面向妇女、未成年人、老年人、残疾人、农民工的公共文化设施和服务项目，保障特殊群体的文化权益。此外，应全面落实国家基本公共文化服务指导标准和地方实施标准，以标准化促进均等化。以重点任务为抓手，强调深入实施文化扶贫项目，通过“一县一策”、精准扶贫，实现贫困地区公共文化服务体系建设与国家扶贫攻坚战略的有机结合。

此外，要注意推进资源整合，实现共建共享，形成公共文化建设合力，解决公共文化资源过度分散的问题。国家已经建立了公共文化服务体系建设协调机制，地方也应该尽快建立相应的协调机制，负责整体规划未来的公共文化建设任务，统筹整合跨部门、跨领域的现有公共文化资源。基层政府要重点加强相同或相近领域的跨部门、跨领域的公共文化服务资源的整合，尤其是要统筹规划和建设基层公共服务设施，促进共建共享和有效利用，切实解决当前公共文化资源分散、服务标准不统一、服务效益不高等问题。在基层设施建设上，应以区域面积和服务人口数为依据，综合考虑公共文化设施辐射半径和群众文化需求特点，有针对性地开展固定设施、流动设施和数字文化服务，实现公共文化设施的有效覆盖。

二是，推动建立以服务效能为导向的公共文化服务体系建设模式。应围绕着创新管理体制和运行机制，完善协调机制，统筹实施重大文化工程，建立健全总分馆制，深化免费开放，提高服务水平，深入开展全民艺术普及，实现公共文化和科技深度融合，建立健全公众参与的监督评价机制和以效能为导向的评价激励机制等，提出明确的引导和要求，力促我国公共文化服务综合效能的提升。此外，还应突破对设施指标的关注，强化内容建设，确保各文化机构资源保有量达到合理水平。要按照统筹整合和共建共享的思路，加强基层文化建设②。

应对公共文化机构活力不强、服务效能不高等问题，要推动在公共文化机构建立以理事会为主要形式的法人治理结构。应深化人事制度和分配制度改革、活化用人体制机制，以及完善财务制度，赋予文化机构发展自主权。例如，在用人制度安排方面，尽量通过理事会提名、投票或通过公

---

① 巫志南. 补齐公共文化服务的短板[N]. 光明日报，2017-09-21,（12版）.

② 韩业庭. 公共文化机构：让理事会成为“当家人”[N]. 光明日报，2017-09-19.

开招聘的方式选拔负责人；支持和鼓励体制内成员参与相关项目合作、兼职创新或离岗创新创业；设立流动岗位，吸引相关专业人员兼职，根据岗位的职责自主聘用，面向全社会竞聘上岗，从而不断完善公共文化机构聘用制度和岗位管理制度。公共文化机构法人治理结构改革是一项十分艰巨而复杂的任务，既取决于改革的决策和勇气，又取决于各地的客观实际条件。在广大基层和欠发达地区，文化工作基础薄弱，社会参与积极性不高，全面推动法人治理结构还不够成熟，因此，“要立足实际，不搞一刀切”。

此外，要激发文化建设的活力，必须鼓励和调动社会力量参与文化建设的积极性，形成全社会共同关心文化建设的良好格局。但是，从当前我国文化领域的实践来看，缺乏真正追求社会价值的文化类社会组织，这导致公共文化社会化发展面临着价值扭曲的问题，给政府带来了极大的监管压力。文化服务是社会效益优先、凸显公共价值的公共产品和服务，虽然不排斥社会力量的营利诉求，但只有真正把公共价值和公益责任放在首位的文化类社会组织，才能真正保证文化建设的价值方向。因此，要鼓励和发展具有公共价值和公益责任的文化类社会组织。

三是，要强化公共文化服务中的群众主体地位。针对公共文化产品与群众需求脱节的问题，应改变公共文化服务提供中的主观倾向，以人为本，立足民需。发挥基层地方政府的主体作用，加快建立公众需求反馈机制，加强对公众文化服务需求的调研，作为设计、提供、完善和考核公共文化服务的依据，重点加强对城乡基层和少数民族地区群众文化需求的了解，提高公共文化服务的针对性和实效性。探索“生产方以需定产、供给方菜单提供、受益方自主选择”的文化产品供给新模式，逐步使无效供给自动淘汰，形成有效供给的畅通渠道。

建立多元化的监督和评估体系。针对公共文化服务效能不足等问题，首先应当改变过去“一刀切”的办法，加快建立科学的、以群众需求为基础、以效能为导向的公共文化服务绩效评价体系和考核办法，引入公共文化服务第三方评价机制，扩大公共文化服务群众满意度测评。建立以群众需求为基础和以效能为导向的科学的公共文化服务考核、评价体系，引入多元参与公共文化服务监督评价的机制（包括各级党委政府、新闻媒体、公共文化服务对象和第三方评估机构等），增加评估工作的透明度。要扩大群众对公共文化服务的满意度测评，群众满意度测评的建设和发展能够为加快公共文化服务的综合发展和提高评价水平发挥重要作用。推动将公共文化服务纳入政府效能和领导干部政绩考核指标体系，并作为刚性约束，引导地方政府和公益性文化单位把精力放到提升服务效能上来，加快推进公共文化服务的法制化、标准化和规范化建设。

要深入解决公共文化服务重建设、轻运营的问题，要坚持软硬并重，突出软件，加强公共文化服务能力建设。在设施运营上，要更加注重产品供给、服务能力、队伍建设、制度标准和规范等软件建设，完善公共文化设施管理办法和服务标准、规范，提升公共文化设施的服务质量和效能。要进一步丰富基层文化馆（站）服务内容、转变服务方式，要尽快从单一的举办大型文化活动和举办经营性培训班，转向履行文化馆（站）全面职能，实现馆办活动的经常化。在队伍建设上，应研究制定公共文化机构人员编制、待遇保障标准，建立公共文化从业人员专业能力评价制度，完善文化志愿服务制度，加大对群众文艺团队扶持力度；联合高校开设公共文化管理学相关专业，支持高校和科研院所建立国家公共文化研究基地，为文化事业发展提供人才保障。

四是，完善公共文化人才队伍建设。各市县政府和文化主管部门应根据国家要求和各市县的公共文化服务需要，配置业务人员，培训专业人员的业务能力，使公共文化服务落到实处。应从工作需要出发，严把文化人才入门关，应对文化馆（站）工作人员进行考核，实行准入制度。经济社会文化发展对公共文化服务人才需求日益增高，公共文化服务岗位的人才只有具备一定的专业服务技能，才能顺利开展文化服务项目活动。目前我国文化馆的公共文化服务项目内容，包括开展公益性文艺活动、文艺培训辅导活动、公共文化场馆服务活动、多功能厅使用服务、普及性的文化教育活动、培训基层文艺队伍和业余文艺骨干、指导群众文艺作品创作、非物质文化遗产保护工作研究等多项服务，这就需要一些具备音乐、舞蹈、戏剧、曲艺、美术、书法、摄影等方面技能的专业干部来完成这些工作。目前，许多市、县的文化馆还缺少各类专业人才。在今后的文化馆人员进入时，应优先考虑各类专业人才，其他行政人员严格进入，实行准入制度。把真正适合公共文化服务工作岗位的人才引入进来，充实业务力量，开展全方位的公共文化服务。

要实行专业培训，更新技术知识，提升工作人员业务技能。各市、县可以根据本地情况，采取“送出去”和“请进来”的方法，有步骤有计划地安排群众艺术馆、文化馆（站）的专业文化干部人员进行系列培训，或聘请上一级群众艺术馆、文化馆的专家进行业务培训和指导，提高现有在岗工作人员的业务能力，使其能够更好地完成本岗位工作。根据国家文化部文化馆工作条例和全国文化馆评比细则要求，完善本地区群众艺术馆、文化馆文化服务项目，培养相应的专业人才，以满足公共文化服务的需要。

与此同时，要培养文化志愿者队伍，发挥公共文化服务社会人才作用。形成公共文化大众参与的有机整体，使公共文化更具特色，真正体现公共文化的社会效益。培养文化志愿者队伍，需要有计划有步骤的做出安排。结合本地情况，广泛地团结文艺骨干，为他们提供活动条件，充分调动他们的文化热情和参与积极性。把志愿者队伍转化为公共文化服务的受益者和生力军，更好地发挥公共文化服务社会人才的作用。